プロ経営コンサルタント入門

ゼロからはじめる

Introduction to professional management consultants

（株）新経営サービス 山口俊一／編著

志水浩　森谷克也　志水克行

中谷健太　飯塚健二／著

同友館

はじめに

経営コンサルタントは、高収入で、尊敬され、自由度が高く、定年のない仕事というイメージで捉えられていることが多いようです。

そのイメージは間違いではありません。

確かに年収が2000万円、3000万円を超えるコンサルタントは何人もいますし、80歳を過ぎて、なお現役を続けている人もいます。自由度（裁量権）の高い職業というのは、まさにその通りでしょう。

こう書くと、コンサルタントという職業は、とてもよい仕事、あこがれの仕事のように見えます。

しかし高収入を求めて、あこがれの仕事に飛び込んでみたものの、現実は困難なことのほうが多い。これは、世の中の職業一般について言えることと思います。そして、コンサルタント業もその例外ではありません。

本書は、リアルなコンサルタントの世界を示し、これから目指す人が何を準備すべきか、コンサルタントになってから何をしなくてはいけないのかを、ゼロからはじめるという視点で可能な限り具体的に述べようと思っています。

申し遅れました。私は、新経営サービスという経営コンサルティング会社で代表取締役を務めております山口俊一と申します。

これから、私と私の仲間である新経営サービスのコンサルタント5人と共に、コンサルタントの実際の姿を紹介していきます。ここで述べていることがすべてではありませんが、現実の姿の一端を正直に表しています。

そもそもコンサルタントとは何をする人でしょうか。一口にコンサルタントといっても、いくつかのスタイル・タイプがあります。

まず顧問契約型、いわば社長の相談役のような立場です。次に企業の中に入って、生産現場や営業現場の改善や人事制度づくりなどプロジェクトを指導するプロジェクト型コンサルタントです。

企業の中に入らず、専ら公開セミナーや講演会の講師、著述を中心に活動している人もいます。著名コンサルタントは、主にこのジャンルにいますね。

コンサルタントのタイプとしては、このいずれか、または複合型となります。

他方、企業内のマナー研修や話し方の研修を行う専門家のことをインストラクター・トレーナーと呼んで、コンサルタントと区別することもありますが、インストラクター・トレーナーとコンサルタントの境界も厳密ではありません。

では、コンサルティングを行う人がコンサルタントかというと、それはその通りではあるものの、実態としてはその実務を進める上では、研修や実習を伴いますから、外形上はインストラクターに近いことをやっています。

コンサルティングとは、企業の中で制度や仕組みを改善指導することですから、そのために人の教育や啓発が欠かせません。ですからコンサルティングの過程で、インストラクター的な役割を務めなければならないのです。

このように幅の広いコンサルタント像ですが、ジャンルやスタイルを問わずに共通することは何かと問われれば、一言で言えば「やりがい（のある仕事）」と答えることができます。

私自身30年近くコンサルタント業をやっていますが、一度として、つまらないと思ったことはありません。常に楽しいというのが正直なところです。

自分の仕事が楽しいというのは、人生において宝を得たということだと思っています。

これからコンサルタントになろうと考えている人には、この点だけはわかってほしいところです。

ただし、すべての仕事がそうであるように、コンサルタントにも向き不向きがあります。中には、この仕事は苦しいばかりで、やりがいを感じることもなく辞めていく。そういう人がいるというのも厳然たる事実です。

あるいは、本人はこの仕事にやりがいを持ち楽しさを覚えていても、プロのコンサルタントとしてはやっていけない、プロとしては力不足でこの仕事を続けることはあきらめざるを得ない人もいます。

コンサルタントに向く人と向かない人の違い、プロになれる人となれない人の違いは何でしょうか。どうすればゼロからはじめてプロになれるのか。これが、これからこの本で追求する大テーマです。本書では、6人の現役コンサルタントの実体験からこの大テーマに迫ろうと考えています。

6人とは私、山口と新経営サービスに所属するコンサルタント、志水克行、志水浩、森谷克也、飯塚健二、中谷健太です。

コンサルタントを目指す人には、自分のキャリアを活かして独立開業を目指す人もいます。そういう人にとっては、私たちのようなコンサルティング会社に所属するコンサルタントのスキルは自分には無関係と思うかもしれません。

そう思われた人は、本書から手を放していただいてよいでしょう。しかし、そういう人にも本書は役に立つ部分があると思っています。

プロのコンサルタントにとって重要なのは、コンサルタントとしてのスキルと知識、それに顧客をつかむ営業力です。

会社で営業するのと個人で営業するのは、明らかに違います。

とはいえ、私たち中堅コンサルティング会社に所属するコンサルタントが、大手コンサルティング会社のように営業マン任せで何もしないということはありません。

はっきり言えば、会社に所属する人も独立する人も、求められる能力（スキル・知識・営業力）に違いはないということです。実際、所属するコンサルティング会社でプロとして認められない人が、独立してやっていけることはほぼありません。

コンサルタントは独立する前にやることがあります。それはプロになること。プロになってから、独立したほうがよいと思えば独立すればよい。

この本一冊ですべての情報を網羅することは不可能です。それでも、プロのコンサルタントになるために何が必要なのか、ゼロからはじめるという視点で、本当に必要と思われることをこれから述べていきます。

すぐにコンサルタントになるにしても、将来の目標に据えるにしても、本書の情報は必ず役に立つと思います。

2020年4月　山口　俊一

目次

ゼロからはじめるプロ経営コンサルタント入門

第4章 経営コンサルタントに不可欠なコミュニケーション能力とプレゼン能力 111

第5章 そもそも経営コンサルタントに向く人、向かない人 149

Column

第1章

ゼロからプロへ経営コンサルタントになるまで

コンサルタントの道を選んだ理由

世の中には数えきれないくらいの職業があります。

その中で、なぜ経営コンサルタントという職業を選んだのか。私たちがコンサルタントの世界に入った理由をご紹介することも、これから経営コンサルタントを目指す人にとって役に立つかもしれません。

コンサルタントは、ビジネスの世界でそれほど目立つ職業ではありません。CMは流していませんし、あまりテレビドラマの主人公になったりもしません。そんな業界になぜ飛び込んだのか。私たちは、なぜこの世界に入ろうと思ったのでしょうか?

「それは、まず山口さんから話してくださいよ」

わかりました。そうしましょう。

私の場合は、学生時代に証券系の新聞社でアルバイトをしていました。証券系の新聞社ですから、毎日、上場企業情報を目にしています。

ある日、船井総合研究所という経営コンサルティング会社が上場するというニュースが飛び込んできました。

私はこのとき初めて、世の中にコンサルタントという職業のあることを知りました。それからコンサルタントの仕事に興味を持ち、いろいろ調べてみると、これは自分に向いた職業かもしれない。そう考えはじめます。

私は当時まだ学生でしたが、会社に動かされるよりも、会社を動かす側で仕事をしたいという想いがあったからです。

しかし、新聞に載る上場企業の人事情報を見ると、取締役に就任する人の年齢は当時はほぼ50歳代、会社に入ってから30年近く経たなければ会社を動かすことができない。

そんなに待ってはいられないと考えていた私にとって、コンサルタントという仕事は若いうちから、他社の経営とはいえ、経営に参画できる職業であることが魅力でした。

それで卒業後、真っすぐにいまの会社、新経営サービスに入ったわけです。

いまは40名弱の組織ですが、30年前は10名弱。会計事務所の新規事業として、現在の会長が立ち上げて5年経過した頃です。

「経営者大学」という、今日でも続いている経営者・後継経営者向けの1年間の講座を中心に、教育研修や経営計画策定支援などを行っていました。

その頃の顧客は京都の和装関係、大阪の機械工具関係の中小企業が中心でした。

バブルの最後のほう（1990年）だったため、そのような中小企業でも、人材採用や教育研修に対するニーズが高く、またコンサルティング費用を捻出するだけの資金的余力もあった時代でした。私の場合は以上のような経緯ですが、実際コンサルタントの道を選んだ理由は人それぞれです。

ここにいる6人の理由も大別すると、原体験型とキャリアプラン型に分かれそうに思います。どうでしょうか。

▼コンサルタントを目指したそれぞれの動機

「いやいや、私はそのいずれとも違いますよ」

そうですか。では、森谷さんのケースをお聞きしましょうか。お話しください。

森谷：私は単純にコンサルタントという仕事がかっこよいから、という理由でこの世界に入りました。

私が最初に入った会社は家電の大型量販店でしたから、毎日、お客様に頭を下げ続けなければいけません。

それが嫌だったことはありませんが、コンサルタントはお客様から頭を下げてもらって仕事をするうらやましい職業に見えました。

コンサルタント選択の理由は、いわば「あこがれ型」と言いましょうか。コンサルタントを目指す人で、あこがれ型という人は多いと思います。でも、あこがれからいきなりコンサルティング会社に入るのは、そう簡単ではありません。

私は、家電量販店から人材派遣、教育関係の会社に移りました。その間に中小企業診断士を勉強（一次試験に合格、二次試験は受験せず）し、経営の勉強をして、前職のコンサルティング会社に入ることができました。

動機はあこがれでも、その後のステップはキャリアプラン型だったということですね。キャリアプラン型では、飯塚さんもそうですね。

▼キャリアを積んでコンサルタントに

「私は就職氷河期世代ですから、コンサルタントになるのも慎重に計画を立てました」

飯塚：子供の頃から、職業を選ぶなら人の役に立つ仕事をしようと思っていました。人の役に立つのが好きという性格が、そういう志向にさせているのだと思います。

私は、まずIT系の企業に入りキャリアを積んでからコンサルティング会社に入りました。コンサルティング会社も、まず総研系の会社、次に外資系でキャリアを積み、現在の新経営サービスに入ります。

IT企業で鍛えられたロジカルシンキングは、その後のコンサルタントの仕事に役立っていますし、総研系、外資系コンサルティング会社は、自分の適性を確認する上でも経験してよかったと思っています。

コンサルティング会社も、その規模や体質でかなり違いますから。

原体験からコンサルタントの道へと進む

子供の頃の体験が影響したという人は、我が社では多数派です。

中谷さんもそうですね。

「私は両親が事業をしており、苦労も見ていましたから、親の力になりたい、親と同じような規模の中小企業の役に立ちたいという気持ちが自然と生まれていました」

中谷：私は、大学生になる頃には明確に、中小企業を手助けしたい、中小企業経営者の力になりたい、と考えていました。ただ、当時は経営コンサルタントという仕事があることは知らず、それよりも法学部にもいたので、民法や会社法を専門とする弁護士としてサポートできれば、という想いがありました。しかしそんな中、経営コンサルティング会社のインターンシップを知り、それに2週間ほど参加しました。それで経営コンサルタントという仕事を知り、魅力を感じました。それが弁護士よりも、よりイメージしていた経営者サポートの形に近いと感じ、それで卒業後に、ある大手のコンサルティング会社を選び入社しました。

コンサルティング会社といっても一様ではありません。大企業向けのコンサルティング会社もあれば、中小企業を対象にしている会社もあります。得意とするコンサルティングの内容も戦略系、ＩＴ系、シンクタンク（調査）系、人事・組織系、財務系、企業再生・Ｍ＆Ａなど多岐にわたります。

私は、中小企業経営者の力になりたい、そこで働く社員の幸福に貢献したいと考えていましたので、新卒入社したコンサルティング会社も中小企業向け、その後、事業会社の経営者時代もありましたが、現在はまた中小企業向けのコンサルティングを展開するこの会社に至っています。

▼自分の適性はコンサルタント

志水浩さんはどうですか。

「私の生家も事業をやっていましたから、中小企業の手助けをしたいという気持ちはありました。でも、コンサルタントを仕事に選んだのは、もうひとつ自分の性分に合っているということがあったと思います」

志水浩：子供の頃にこんな体験があります。親は着物の帯を作る職人でした。その親が2万円程度で卸した製品が、ある一般消費者向けの展示会で、なんと50万円の値段で売られていました。そして、小売店・卸問屋、間に何社入っていたのかわかりませんが、すべての会社が売れ残ったものは上流に返品し、最後はすべてうちへ返品してきました。

会社とはこんないい加減なものなのか、という想いが私の原体験にあります。働き出して、優良な会社はやはりきちんとしたビジネスをやっていることがわかりましたが、このときの衝撃はいまでも忘れません。

こうした出来事が企業に興味を持ち、コンサルタントになったきっかけです。

▼倒産という悲劇が原点

もう1人の志水さん、志水克行さんもコンサルタントという仕事を選んだ理由に原体験があると聞いています。そのことは志水さんの著書にも書かれていますが、改めて聞かせてくださいますか。

「私は繊維の町で生まれたことが大きかったです」

志水克行：私は京丹後市で生まれました。「丹後縮緬（たんごちりめん）」という一種のブランド品の産地で、歴史のある繊維の町です。小中学校時代の友人の家も、繊維関係ばかりでした。

繊維は戦後の日本の輸出を支えた主力産業です。そういう子供の頃には活気のあった町が、1970年前後からのいわゆる繊維不況を経て、急速に衰退していく姿を私は目の当たりにしています。

幼友達の家が倒産し、一家が離散、転居するという悲劇が幾度もありました。「倒産は悲劇だ。倒産させてはいけない」。私には、この想いが原体験として強烈にあります。

私は20代で友人と起業しました。一念発起してというより、趣味が高じて自然発生的に起業ということになったという会社です。ここでビジネスの原点を学ぶと共に、金と権力で変わるという人の弱さ、経営者のエゴを痛いほど知ることになります。

起業仲間との軋轢を避け、自分の会社を去ったとき、次にやることとして、自然に選んだのがコンサルタントという仕事でした。

「社会や企業の役に立ちたいから」はコンサルタントの本音か

世のため人のためとまでは言いませんが、コンサルタントを職業にしている人には「社会や人々の役に立つ」ことがコンサルタントの仕事と公言している人もいます。

私としては、採用面接の際などに「社会や企業の役に立ちたいので、コンサルタントになりたい」などと言われると、「少しかっこよすぎと違うか」という気がすることもあります。

コンサルタントは、社会や企業の役に立つことのできる仕事には違いありませんが、それを常に意識しているかとなるとそうでもないように思います。

「社会や人々のために」を意識している人は、なぜそう意識するようになったのでしょうか。

森谷さんはどうですか。

「はい。私は社会や企業に働く人々のためを意識することで、コンサルタントとして地に足が着いたように思います。この仕事を続けるには、そういう意識が、あったほうがよいのではないでしょうか」

森谷：私は先ほどお話ししたとおり、お客様のほうから頭を下げてくれる仕事、感謝される仕事というかっこよさからこの世界に入りました。念願かなって入ったコンサルティング会社が前職なのですが、ここで最初に担当した会社が倒産します。

正確には清算に近い自主廃業だったのですが、それでも従業員は明日からの生活の糧を失いますし、取引先も焦げ付きは小さかったものの、すでに納品した物を引き上げるなど大騒ぎでした。

倒産の悲劇は、さきほど志水克行さんもお話しされましたが、志水さんのケースほどではないにしても、まだ入社したばかりの私にとっては大変なショックです。

かっこよさに浮かれている場合ではない。これは本腰を入れて勉強しなければ、自分の責任を果たせないぞ。それ以前にも中小企業診断士や財務の勉強はしていましたが、コンサルタントとしての責任を意識して勉強するようになったのは、この倒産体験からでした。

▼目の前の人を手助けすることから

中谷さんはどうですか。やはり森谷さんのような意識を持っていますか。

「私は、親の商売と同規模の中小企業の力になることが、自分のミッションと考えていました。そして、大げさかもしれませんが、日本の99％が中小企業ですよね。中小企業を元気にするその一翼を担うことができれば、日本経済や日本を元気にすることにもつながる。そういう意味では社会のために役立ちたいという意識が元々ありましたね」

大手のコンサルティング会社に所属するコンサルタントは、どういう意識を持っているのでしょうか。飯塚さんはかつてどんなふうに考えていましたか。

「大手のコンサルタントの意識は、みなさんとはちょっと違います」

飯塚：大手のコンサルティング会社は、顧客がやはり日本を代表するような会社ばかりです。そのためか、所属するコンサルタントには、日本を代表する会社の体質や方針を変えることで、日本の経済や社会を変えるというような「野望」を持っている人が多かったように思います。これが、大手コンサルティング会社を志望する人の動機のひとつです。

多くの人が社会に大きなインパクトを与えたいという想いを持っているように見えます。

飯塚さんご自身はどんな意識だったのですか。

「私は目の前にいる人の手助けをしたいというのが、この世界に入る前からの基本姿勢でしたから、日本を動かしたいという考えを持ったことはありません。それでも目の前の人を手助けすることは、その人の所属する企業の役に立つことにつながります。企業の役に立てば、その先の社会の役にも立つというふうには考えています」

なるほど。日本を動かすために、目の前の顧客である大企業を動かすという動機と、目の前の人を助けることから社会に貢献するという考えでは、似ているようで実際の行動では大きく違いますね。

「それで、中小企業向けのコンサルティングを中心にやっているこの会社に移ったということになるわけです」

だれでもコンサルタントになれるものなのか

俗に、「コンサルタントになるのは簡単だ。名刺の肩書にコンサルタントと書けば、その日からだれでもコンサルタントになれる」と言います。

コンサルタントには、弁護士や税理士のような資格がありません。中小企業診断士のような国家資格はあるものの、コンサルタント活動をするためには診断士資格を持っていなければできないということはありません。

むしろ活躍しているコンサルタントには、格別何の資格も持っていない人が多い。それが実情だと思います。

では、本当にコンサルタントは頑張ればだれでもなれるものでしょうか。

ここにいる人は全員コンサルタントなので、みなさんに聞けば答えは「なれる」ということになってしまうかもしれません。

たしかにみなさんからすれば、なれるというのが当たり前と思いますが、私の考えでは、恐らくだれでもなれるということはない。

100人中1人しかなれないというほどではないが、100人が100人なれるというのは不可能で、現実には10人に1人くらいのものだと思います。

▼スキルが先か、意欲・向上心が先か

いくらコンサルタントになりたいと思っていても、プロとしてやっていくためには商品となるスキル・知識・判断力が必要です。

まずはそこから準備しないと、意欲だけではコンサルタントにはなれません。

プロのスキル・知識・判断力を備えることのできる人というのは、せいぜい志望者全体の1割くらいかと思います。

「いやあ、私は意欲や向上心があれば、スキル・知識は後から付いてくると思いますよ。スキルや知識は勉強すればよいのですから」

おや、志水克行さんから異論が出ました。ここは志水さんの持論を伺いましょう。

志水克行：異論というほどではありません。コンサルタントに、プロとして必要な知識やスキル、分析力や判断力が必要なのは当然です。

なければ話になりません。

そこに異論はないのです。しかし、コンサルタントに必要なのはそれだけではない。私は先述したとおり、起業家からコンサルタントになりました。起業家として現場で得た知識やスキルを活かすというより、実はもう一度経営を学び直したかったからです。

現場で得た知識やスキルというのは、わかっているつもりでも意外に底が浅いもの。私が起業仲間との軋轢に挫折したのも、結局わかっているつもりでわかっていなかったことが原因だったと思っています。

つまり、知識やスキルには限りがある。知識やスキルの在庫があることよりも、在庫を活かす意欲や向上心のほうに、より重要性があるということですね。

▼実務のキャリアはコンサルタントの財産

「私の経験から言えば、コンサルタントになれるかどうかは、最初に入ったコンサルティング会社に大きく左右されると思います」

えっ、それはどういうことですか、飯塚さん。

だれでもコンサルタントになれるかは、その人が最初に入ったコンサルティング会社次第ということですか。

飯塚：私自身の経験ですから一般論にはならないと思います。サラリーマンを辞めて、いきなりコンサルタントとして独立する人もいますから、そういう人にとっては答えにならないでしょう。

私の場合、最初に入った会社はＩＴ企業でした。コンサルティング会社ではありませんが、そこで身に付けたロジカルシンキングや組織人としての仕事の進め方、顧客との人間関係の築き方、コミュニケーションの取り方は、いまでも役立っています。

サラリーマンからコンサルタントとして独立する人にも、こうした前職の財産があるはずです。

この財産のない人に、コンサルタントを勧めることはできません。

▼コンサルティング会社にも良し悪しが

一般企業の経験が活きるというのは飯塚さんのおっしゃるとおりと思いますが、コンサルタントとしての実務キャリアを積むには、コンサルティング会社でしかできませんよね。その辺についてはどうですか。

飯塚：大事なのはその点です。私が入った大手の総研系の話は先ほどしましたね。私とは考え方の違いがありましたが、ここで身に付けた調査力や分析力は、やはりいまでも役立っています。次の外資系でも、外資独特の結果重視の考え方は、視野を広げ、多角的思考につながりました。

もし、最初の大手の総研系で何も得られなければ、私のコンサルタントキャリアは、ゼロで終わってしまったでしょう。

コンサルティング会社も一律ではありません。コンサルタントとして入社したものの、実務には触れさせず、会社の商品や教材の販売だけに従事させるという会社も少なくありません。

こういう会社でコンサルタントのキャリアを積むことは不可能ですから、私はコンサルタントになれるか否かは、最初に入ったコンサルティング会社で決まると言うのです。

大手コンサルティング会社から中小企業向けの会社に移ったときに戸惑うのは、大手ではチームでひとつの仕事に取り組み、中小企業向けのコンサルティング会社では、何でも自分でやらなければならないということがあります。

中小企業向けでは、コンサルタントがチームを組んでというのは稀です。一方、チームで仕事をする会社ではそれが常識でしたから、だれかがやってくれると思ったら、だれもやってくれない。すべて自分でやらないといけないというのは、慣れるまで少しつらい思いをすることがあるようです。

飯塚さんもそうでしたか。

「最初のコンサルティング会社では、何でも1人でやるという経験はありませんでした。そういう経験をしたのはいまの会社に入ってからですね。慣れれば、むしろそのほうが楽しいと思っています」

コンサルタントとして背中を押された言葉

どんな人にも、いかなる仕事でもビギナー時代があります。

私は自分で言うのも変ですが、この世界に入ったときから割合順調にやってこれたと思っています。いろいろな意味で向いていたのでしょうね。「はじめに」でも述べた通り、常に楽しくやれていましたので。

森谷さんはコンサルタントになって、初めて担当した会社が潰れるというショッキングな体験を経て、コンサルタントの仕事に本腰を入れたと聞きましたが、この仕事を続ける上で励まされた言葉、背中を押された言葉というのはありますか。

「だれかに何かを言われて励みになったというのはありませんね。自分の仕事には自信を持っているので、励まされたという記憶に残る言葉はないです」

森谷さんも私と同じタイプだったようですね。

忘れられない一言という思い出をお持ちの人は、どなたかいませんか。中谷さんはどうですか。

▼ここまでやってくれると思わなかった！　人生救われました

「私は、やはりお客様からのフィードバックが自信になりましたよ」

中谷：失礼ながら、いつ倒産してもおかしくない状況だった（給与の遅配や、その他支払も遅れていた）、とある小売店の立て直しを担当したことがあります。

いま思うと、よく引き受けたな、という気持ちですが、コンサルタントとしては若いときのほうが使命感に燃え、泥臭い、よい支援をしていたと思います。

いろいろな面で整っていないことが多い会社ですから、こうしてくださいとアドバイスを言ったところで、そのように進められる会社ではありません。

ですから、私も助言だけに留まらず、社長以下の全社員と一緒になって現場改善に汗を流し、いままでやっていないことをひとつひとつクリアしていきました。

実は、コンサル費用の支払いも遅れていましたが、会社から近い場所にあったので、週に何度かは帰り際にお店に足を運び、お手伝いしていましたね。

結果的には、支援させていただいてから、わずか6カ月で、月次の売上が10倍以上になりました。

月商が10倍以上になって、私は退く形にしましたが、そのとき、経営者からこう言われました。

「コンサルタントをお願いしたときは、実は半信半疑だったんです。この10万円を支払いや破産手続に回すか、あなたに賭けるか。コンサルタントが、正直ここまでやってくれるとは思っていませんでした。人生救われました！」

クライアントからのこうしたフィードバックは率直にうれしいですし、コンサルタントをやっていてよかったと実感できる瞬間です。

その後も、「中谷さんが来てくれて、会社が変わってきましたよ。よいご縁をいただいてありがとうございます」、「私たちの担当を変えないでください。ずっとうちの会社を診ていてください」といった言葉が印象に残っています。

これが私のエネルギー源でもあり、コンサルタントとしての自信や誇りになっています。

よい思い出をお持ちですね。

みなさんも同じような経験はあるはずですが、何が心に残るかは個人差があるのでしょう。

飯塚さんはどうですか。

▼会社じゃないんだよ、君だよ

「私もお客様の言葉で印象深いことがあります」

飯塚：すでに申し上げた通り、私はこちらに入る前に、コンサルティング会社を2社経験しています。

前職で担当していたクライアントに、会社を辞めることを報告に行ったときのことです。新しい会社に移ると報告し、今後は別のコンサルタントが担当すると告げました。するとそのときクライアントの役員が「契約は会社としているが、自分としては会社と契約しているつもりはなく、飯塚さんと契約していたつもりだった。だから、別のコンサルタントに来てほしくはない。いまの会社を辞めても、新しいコンサルティング会社で引き続き契約してもらいたい」とおっしゃってくださいました。

顧客から認められていたのですね。

中谷さんもそうですが、飯塚さんにかけられた言葉もコンサルタントにとって最高の褒め言葉と思います。

そんな言葉をかけられたら、それはもう意欲レベルが跳ね上がりますし、仕事にも誇りを感じる瞬間と思います。

Column

コンサルタントは高給か？　コンサルティング会社の昇進昇格、昇給は？

コンサルティング会社に勤務するコンサルタントについては、概ね一般企業よりは高給のケースが多い。しかし、勤務時間当たり給与や生涯年収という観点からは、必ずしも高いとは言えないのが実情だろう。独立コンサルタントの収入はピンキリで、高額所得者は、ほんの一握りと思われる。

コンサルティング会社の給与制度についても、個人業績を色濃く反映する会社から、個人業績はほとんど反映されない会社まで幅広い。コンサルタント個人が仕事を受注し、個人間の業績格差の激しい会社は、前者の制度を採用する傾向が強いようだ。

実力のあるコンサルタントは、顧客企業から契約継続や他社の紹介が増えるため、実力イコール個人業績となる。

一方、コンサルティング会社のブランド力や組織力で受注する会社は、後者を採用する傾向が強い。その場合、アサインされたプロジェクトの品質や顧客対応力が評価され、社内におけるランクが上がれば昇給するという仕組みになっている。

コンサルタントという仕事にやりがいを覚えた瞬間

「私の場合は、褒められたわけではないんですけどね。それでも、この仕事の意味を知ったという点では、やはり忘れられない言葉があります」

そうですか。では、次に志水浩さんの体験をお聞きしましょう。

志水浩：新人コンサルタントとして、３カ月目のことです。

まったくの新人ですから、当時は会社の主催している「経営者大学」という講座のアシスタントをやっていました。その参加者のお１人に、急いで連絡しなければならないことがありました。

そこで職場に連絡しましたが、外出していて今日は社には戻らないということでしたので、比較的親しい関係の方でしたから、ご自宅のほうへ連絡することにしました。

何しろ、まだ携帯もメールもなかった時代のことです。

頃合いを見計らってご自宅に電話すると、奥さんが出ました。たしか身重だったと聞いていました。奥さんにご主人はいつ頃帰るかと尋ねたところ、最近はいつも午後10時を過ぎることが多い、深夜になることも珍しくないとのこと。

私は、夜分遅くではありますが、改めて10時過ぎに電話することにしました。

しかし、その日は10時を回ってもまだ帰宅していません。

奥さんは、私がご主人の参加している講座のコンサルタントであることを知っていましたから、ご主人が毎日遅くなる理由は会社の状況が大変だからで、「どうか助けてやってほしい」と電話口で懇願されました。

まだ入社3カ月の駆け出しコンサルタントでしたが、このとき自分のやっている仕事の意味と重要さを思い知ることになります。

▼このとき、心にスイッチが入った

志水浩さんのお話のとおり、中小企業の経営者は文字どおり、人生を賭け、全財産を賭けて会社経営をやっています。我々の仕事はその現場に立ち会い、最善の道を提示し、導くのが役目です。それを入社3カ月で体験できたのは、ある意味では幸運でしたね。

「いや、これは生半可な気持ちではできないぞ、というのが率直なところですね。いわばコンサルタントとしてやっていく覚悟というかスイッチが入ったときでした」

コンサルタントとしてのスイッチが入る瞬間というのは、コンサルタントを続けているうちに何回かあるように思います。それでも一番鮮烈なのは最初の体験ですね。

それは、やりがいを覚えた瞬間でもあると思います。

我々に寄せられた期待は大きく、それに応えていく努力は無制限。これがコンサルタントのやりがいにつながるわけですが、しんどい仕事でもありますね。

森谷さん、どうですか。

「顧問業と違い、コンサルティングは、要求事項と要求レベルがはっきりしています。いわば予防ではなく、すでに病気を自覚している患者と向き合う仕事ですから、相手も治療を急ぎます」

森谷：どんな場合でも納期は絶対厳守。ここでつまずくとリカバリーが難しい。プロジェクト会議では、コンサルタント側とクライアント側に宿題が出ることがあります。クライアント側は、「忙しかったのでできていません」ということもありますが、コンサルタントに「忙しかったのでできていません」は絶対に許されない。

次に品質へのプレッシャー。毎週のように、顧客から評価される仕事ですから、ここはしんどいですね。よいフィードバックばかりとは限りません。

▼会社が成長するよろこび

納期も品質も、プロなのだから厳しいのは当然とはいえ、森谷さんの言うとおり常に行動と結果をチェックされる仕事ですから気を抜けませんね。このプレッシャーに耐えられない人にはコンサルタントは無理かもしれません。

コンサルティングだけでなく、セミナーや研修でも、参加者アンケートを取りますから、不評やダメ出しされることもある。褒められることも、けなされることもはっきりと表れるのが、コンサルタントの仕事と心得ておくほうがよいということです。

「半面、過去にコンサルティングをしていた会社が成長して、地域で優良企業として有名になるのを見るのはうれしいものです。たとえ現在は顧客ではなくても、やはり我がことのように思えますね」

そういう中谷さんの心境としては、卒業生の活躍をよろこぶ先生の想いのようなものでしょうか。

「そうですね。同じだと思います。そこによろこびを感じるのも、コンサルタントならではじゃないでしょうか」

▼仕事のしんどさを楽しむ

志水浩さんはどうですか。

「楽（たの）苦しいことが、やりがいと達成感につながる要素です。楽ばかりでは面白くない」

志水浩：コンサルタントは、人から認められるレベルの高い知見を獲得するために学習が必要です。また、問題解決のために入念な業務準備が求められます。ときには顧客企業社員との葛藤などもあり、さまざまな面で一般のビジネスパーソンと比較して大変さはあります。ただ、その分、一般企業の社員ではできない仕事に取り組めるし、成果を上げることで承認と達成感を得られることが醍醐味です。

それが楽（たの）苦しさになります。

中谷さんは、この仕事のどこに魅力を感じていますか。

「コンサルタントは、何か形があるものを売るのではなく、自分への信用というか、自分自身が商品です。自分自身の努力次第で、どうにでも転ぶことができます。ビジネスで、一個人の名前が売れていく仕事は、そう他にないのではないでしょうか。そういう意味では、タレント業的側面がありますね」

自己完結できる仕事ということですね。しかし、それを厳しいとは感じませんか。

「厳しいこともありますが、自分の力で結果を出せるところは魅力です。また全国いろいろな土地に仕事で行けるので、旅や飛び回ることが好きな人には向いていますね。また、特に我々にコンサルティングの依頼がくるというのは、その会社にとってまさに変革をしようというときです。その会社にとっては、5年・10年に1回の変革のときかもしれませんが、私たちは毎日がその企業変革の場面に立ち会うわけです。変化に富んでいて、経営に影響を与えるダイナミックかつエキサイティングな仕事だと思います」

ゼロからプロになるまでに必要なこと

新人の時代はみんなゼロの水準にあるわけです。

ゼロからプロになるまでのプロセスは、みんなそれぞれで違います。志水浩さんのように3カ月で「プロとしての責任を自覚」する人もいますし、顧客の要求に応えているうちに、いつの間にかプロとして行動している人もいると思います。

私の場合には後者で、特にメルクマールがあったわけではありません。

ある日、家族と有名レストランに食事に行って、みんなが口々に料理のおいしさを讃えるのを聞きながら、こう考えていました。

この店の収容人数と客単価からすると、何回転くらいしないといけないか。

家族との楽しい食事会の席で、そんなことを考えていたとき、コンサルタントの職業病だなあと感じたことはありました。

「プロになったという意識をいつから持ったかと聞かれると、私もはっきりとは答えられません。それでもしんどさを超えて、そこに面白さや達成感を実感できるようになってきたのは事実です」

森谷：この仕事の面白さは、常に新しいということだと思います。手法そのものは従来のものであっても、会社が違えば導入の仕方、導入する範囲、導入するタイミングが異なります。それは企業の数だけやり方があるということです。

成果が出なければ、いくら手法を正しく導入しても意味がありません。機能しない手法や制度の導入は、何もしないのと同じです。この会社にこの手法が機能するか、結果に結びつくかは、顧客の組織的な特徴、歴史、文化的な背景を考慮する必要があります。

それが結果を出すための必要条件です。

▼答えは常にひとつではない

森谷さんのように、相手に応じてやり方を変えるというのは、コンサルタントは過去の成功体験をそのままトレースすることができない、昔のノートを使って同じことを言っても役に立たないということになりますね。

常に新しいやり方を考えるというのは、それはそれでしんどい作業ではありませんか。

「いいえ。同じことを繰り返すより楽しいですよ。基本的に、考える、組み立てる、整理することと自体が楽しい。同じことでも、相手によって表現を変えなければならないのですが、それが楽しい。まして、それが数字で表せないような、正解のないことなら、なお面白い。しんどいときもあるが、それが仕事なのでやるだけ。やり終わったときには、しんどさは充実感に変わっています」

難しいことを難しく言うのは二流、難しいことをやさしく言えるのが一流ですから、ハイレベルな手法を、相手に応じてやさしいレベルにして導入できるのが、プロということでしょうか。

それができるようになったときが、プロになったときということですね。

我々の仕事は相手によって答えが変わる。A社でうまく行ったことが、B社でも正しい答えになるとは限らない。むしろ少ないはずです。コンサルタントである以上、常に答えのない状況を楽しめなければ、よい仕事はできないことになりますね。

コンサルタントにとって若いということはハンデか

コンサルタントとは人を指導する仕事です。

日本人には長幼の序という価値観がありますので、いまでも若い上司は年長の部下を使いにくいということが、お互いの根底にあります。同様に、若いうちからコンサルタントをやるというのは、若いうちからキャリアを積めるというメリットと、顧客との関係性を築くのに苦労するということがあるように思います。

中谷さんも、そういうことを感じたことはありませんか。

「若い頃からコンサルタントを目指したとき、ゼロからプロになるまでのプロセスで、必ず克服しなければならないのが年齢の問題です。コンサルタントの年齢と実力は、必ずしも相関関係にあるわけではないのですが、やはり海千山千の経営者にとっては、若いコンサルタントとある程度経験値を積んだベテランコンサルタントでは、後者のほうが安心するのは自然でしょう。若いコンサルタントもその辺りは感じているでしょうし、落ち着かないところでしょうから、早く歳をとりたいと思っているコンサルタントも多いと思います」

中谷：実際、コンサルタントは年齢で扱える仕事、指導できる内容も違ってきます。たとえば、セミナーや講演会などで、若いコンサルタントが経験値の高い経営者に経営哲学・経営論を話すのは無理があると思います。若手でも青年実業家が話すならよいでしょうが。

強いて言うならば、著名な経営者や経営学者が「こう言っています」と、その方たちの肩を借りる形で伝えるということですね。

一方、先端の技術（たとえばデジタルマーケティングなど）では、若いコンサルタントでも全然問題にならないと思います。むしろ年配のコンサルタントより得意です。診断士が集まる協会では、年に数回、設定事例に対してマーケティングプランを検討する機会もあるのですが、失礼ですが、年配の診断士の先生のプランはかなり遅れている感がありますね。

このように若さによるハンデは、テーマによって違ってきます。

また、経営者との年齢差もあると思います。若い社長であれば、コンサルタントが若いことに抵抗感は少ないでしょう。むしろ同じ年齢くらいのコンサルタントのほうが相談や話がしやすいと、まったく気にしない人もいます。

ですから、若いうちはコンサルタントができないと考えるのは間違いです。若くても、経験が少なくてもできる。ただし、若いうちはそのために苦労もあるということです。

もうひとつ、通常、若手コンサルタントのほうが、経験を積んで要領を得たコンサルタントより、必死に精一杯支援に当たる。この点は、かなりのプラス要素です。私も初期のコンサルティングのほうがいい仕事をしていたと思えるくらいです。

若手コンサルタントで契約継続できるコンサルタントは、ノウハウや経験値よりも、支援に対する必死さや誠実さだと思いますね。

そうした困難を乗り越えることが、プロになるためのプロセスですね。若いことによるハンデが乗り越えられないときには、コンサルティングテーマの選択と顧客の年齢によって調整するしかないということでしょうか。

「私も若い頃からコンサルタントをやって来ましたから、若いうちの苦労・困難はよくわかります。でも、若くても海千山千のベテラン社長に苦言・提言することができる仕事ですからね」

すると志水浩さんは、若さのハンデは苦にならなかったのですか。

「気にならなかったことはありませんが、それでも言うべきことは言わせていただいた印象が強いです。私の場合、お客様にも恵まれていて、受け入れていただけました」

▼それなら自分で経営すればいいのに

若さのメリットもあります。若いコンサルタントには、経営者も物を言いやすいということがそのひとつです。ベテランにはいまさら聞きづらいようなことも、若いコンサルタントには気楽に聞けますから、そこから問題の核心に迫ることもできますし、人間関係を構築する機会にもなります。

直接、顧客から言われることはありませんが、一般的にときどき耳にする言葉に「そんなに経営に詳しいなら、自分で会社を経営すればいいじゃないか」という意見があります。

コンサルティング会社の経営をしていれば、そのコンサルタントは確かに経営者ですが、コンサルタントの仕事は本来、経営者ではありません。コンサルタントは軍師や参謀のような立場ですから、君主も将軍も動かすことはできても、君主でも、将軍でもない。

コンサルタントの仕事は、経営者を助けることなのですから、コンサルタントが経営者の仕事を奪ったのでは本末転倒です。

ところが、長い間ひとつの企業のコンサルタントをしている人には、まるで自分がトップであるかの如き振る舞いをする人も、ときおり見受けます。

社長の頭越しに意思決定をしたり、巨額の資金を勝手に動かすという分不相応な行動を取ることはコンサルタントとして邪道だと思います。

経営コンサルタントに「自分で会社を経営すればいいのに」と言うのは、優れた演出家に向かって「そんなに演技に詳しいなら、自分で演じればよい」と言うのと同じです。

演出家が自分で舞台に立ってしまっては、舞台は成り立ちません。

経営者をやった経験は、コンサルタントの仕事に活かすことのできる貴重な資産ではありますが、資産の価値はあくまでもその使い方次第で決まります。

第2章

クライアントから
プロと
認められる条件

プロとアマの違いはお客様の感動

プロの経営コンサルタントと、アマチュアの違いについてお話ししたいと思います。

経営コンサルタントの世界では、プロとアマを明確に分ける外形的な基準はありません。

しかし、プロと言える人とアマチュア止まりという人のいることは確かです。

我々は、言うまでもなくプロの経営コンサルタントを目指して、ここまでやって来ました、今後もプロであり続けようとしています。

では、改めてプロとは何か。よく、複雑なことを簡単にできる（言える）のがプロで、簡単なこと複雑にする（言う）のがアマチュアであると言います。

これも核心を突いていると思いますが、我々中小企業コンサルタントとしては、さらに「相手に合わせてできる（言える）のがプロ」ということも付け加えたいところです。

志水克行さんは、プロとアマの違いについてどう考えていますか。

「ミッションを成し遂げることがプロの条件と思っています。大変な道のりだけど、困難を乗り越えてやり遂げる。しかも、それは自分1人ではできません。顧客と一緒になってやり遂げなければならない。大変だけど本気でやれるか。そのためには、何のためにやるのか、何をもって成果とするのか、ビジョンをつくる作業が大事です」

ビジョンづくりをきちんと核心とズレることなくやれるのがプロということですね。

「そうでないと期待される成果を上げることはできません」

アマチュアは準備の作業で詰めが甘いから、期待される成果を出すことができないということになりますね。

▼顧客にさすがですねの一言があるか

中谷さんはプロとアマの違いをどう考えていますか。

「私自身、『さすがですね！』と思える人は、プロだなと思います。そういう意味では、我々もお客さんから、『さすがですね』の一言があるかどうかが、プロ（実力あるコンサルタント）とアマの境目かなと感じています」

中谷：どういうときに「さすが」と思えるかですが、まずは「即効性」ではないでしょうか。長年の問題点を、短期間に鮮やかに解決に導いていく手際のよさ、スピード感というのでしょうか。同一の成果創出・課題解決をするにも、コンサルタントによって十人十色のアプローチの仕方があると思います。同じ結果を導くのに、2年かかるのか、1年なのか、それとも3カ月でやってしまえるのか。

いかに、その顧客の状況に合わせた最適なアプローチ策・プロセスを組み立てられるかが大事です。日頃の仕事の仕方にしても、深夜や土日であっても、すぐに回答をもらえたり、すぐに返信が来たりというのは、仕事ができる人、プロ感を覚えますよね。

前の章で述べた一年契約の仕事でも、一年をかけずにやることが大事ということにも通じますが、手際のよさがプロの腕だと思います。我々コンサルタントの売り物は、知識だけでなく、判断も大事な売り物と思います。何をするかはわかっていても、どこからどうすれば、最適なプロセスで最善の結果を出せるか。そこに判断というプロの付加価値が表れる。

そういう判断を提供するのがプロの経営コンサルタントということになります。では、プロの域に到達するまでには何が必要か。私は実践経験、キャリアが大きいと思っています。

経験の浅い間は、上司や先輩の行動を思い出し、「○○さんだったら、こんなときどのような判断をするか。どのような発言をするか」と考えてみることが有効です。

あとは、できる限り多くの現場を体験すること。すべての現場が同じということはなく、また、何事もやってみないとわかりません。

Column

コンサルティング会社の仕事の進め方

コンサルティング会社は、対象顧客と所属コンサルタントの専門テーマのマトリックスで担当する業務を進める。対象顧客とは、大手企業中心か中小企業中心か、民間企業中心か公的機関中心か、特定の業界特化かなどによって決まる。

専門テーマは、戦略、業務改善、財務、人事、マーケティングなどに分かれる。「戦略」は、企業の方向性や新規事業分野を提案するような領域。一見カッコよく見えるが、答えがない世界であり極めて難しい。純粋な意味で「戦略コンサルタント」と呼べる人はごく少数。「業務改善」は、「IT」とセットで実施されることも多く、RPAのようにITを使った業務改善が主流。「財務」は、監査法人など会計事務所系の会社が実施していることが多い。「企業再生」「事業承継」といったテーマも含まれる。「人事」は、人事制度構築のほか、教育研修、人材採用など多岐にわたる。「マーケティング」は、マーケティング戦略を考えるだけでなく、企業ブランディングや営業支援といったテーマがある。

企業はなぜコンサルタントに依頼するのか

先ほど述べたように、我々コンサルタントの商品はマネジメントについての知識・スキルだけでなく、経営判断も大事な売り物です。

顧客である企業が我々に求めているのも、単なる知識の切り売りではなく、前例のない局面での判断にあると言っても過言ではないでしょう。それが企業はなぜ我々コンサルタントに仕事を依頼するのかという答えでもあります。アマチュアや初級者が、知識の切り売りに終始するのに対し、プロは、ときには、たとえ顧客と対立しようとも最善の判断を提案し、場合にはよっては説得することもいとわずにやらなければなりません。

それがいわばプロの矜持《きょうじ》であり、コンサルティングを依頼してくれた顧客に対する責任を果たすことになります。コンサルタントは「先生、先生」と尊敬され、「おもてなし」されながら仕事のできる優雅な職業と思っている人では、こういう厳しい局面に立ったときに、顧客にとって最善の判断を下すことができません。

そもそも、そんな甘い考えでコンサルタントを目指したのでは、運よくコンサルタントになれても一人前のプロにはなれないでしょう。自分の判断を主張するといっても、ただ思い付きを並べればよいというものではありません。そんな底の浅い考えは、真剣勝負で経営をしている顧客にはすぐに見透かされてしまいます。

コンサルタントが判断を示すというのは、その人の真価が試されるときです。

▼素早いストーリーづくり

志水浩さんは、顧客に判断を示すときには、どうやって臨んでいますか。

「判断を示す、あるいは提案するということ自体は、自身の知見、体験を総動員して行う作業になります。そのときに頭の中で行っているのは、事態を収拾する、問題を解決するまでのストーリーづくりです」

ストーリーづくりの手順は、どうなりますか。

「まず、望む・求められるゴールを確認することで、問題をクリアにします。そして、対策内容を検討するわけですが、この際のポイントは３つ。組織が実行できる対策を検討すること。そして、実行力を高めるために、推進者の時間を確保するなどの環境整備についても検討する。最後に複数の対策案を用意する。この３点になります。このストーリーづくりが素早くできるか否かが、コンサルタントの力量でしょう。事態収拾、問題解決に至るまでのストーリーは、こちらの判断を顧客に説明・提案するときにも、大きな説得力になります」

▼企業の数だけ課題はあり、解決の方法も企業の数だけある

ストーリーが破綻していては、説得はできません。

「そういうことです。ストーリーにどの程度の実現性があるかは、過去にどれだけの事例を持っているかによって決まると言ってよいでしょう。それがコンサルタントの判断を支える自信となります」

課題解決のメソッドはいくつかありますし、その専門家もたくさんいますが、課題解決の専門家には、ひとつのメソッド一本槍という人も多いようです。

しかし、企業経営における問題は企業の数だけ種類があり、同じ種類の問題でも、やはり企業が異なれば、業種が違い、規模が違い、経営者が違い、そこに働く社員が違うわけですから、同じ解決策では成果が出ないこともあります。そこで過去の事例から最も近いと思われるケースを選び、そこに現在の顧客独自の事情を重ねて判断することが必要になります。ひとつのメソッド一本槍では応用しきれません。

プロとして認められる仕事の仕方

ここまで何度かプロの仕事について述べてきました。我々が自分自身でプロとは何かの定義をすることも大事ですが、最終的には顧客にプロとして認めてもらわなければ意味がありません。夜郎自大では、だれもプロとは認めてくれませんので。

顧客から認めてもらうには、プロとしての手際を見せるということが大事ということは確認しました。

しかし、プロの手際を見せるには、ある程度、本格的なコンサルティングにかかってからでないと難しいこともあります。入り口の段階でプロとして認められるには、どんなことが必要でしょうか。森谷さんはどんなことに注意していますか。

「やはり我々コンサルタントは社外の人間ですから、社内の人が気づいていなかったこと、見落としていたことをその場で示すことがよいアピールになります。コンサルタントに現場の経験が豊富にあると、社内の様子を見渡しただけで、その職場の特徴がわかるものです。特徴がわかると、その職場特有のクセもわかります」

▼一歩先のことを考える

そのクセの中には、社内ではそれが当たり前になってしまっている、誤った慣習もあるということですね。誤った慣習が日常化していれば、当然、本来はやるべきことができていないことになる。

そういった社内の人は見過ごしている点を、はっきりと指摘することで顧客は、「まだ社内を一回りしただけなのに……」と感心するわけですね。

「単なるはったり屋ではダメですが、顧客からすれば言われてみればその通りという指摘であれば、このコンサルタントには、経験とノウハウがあると認めることになります。また、逆の言い方をすれば、これくらいの指摘が初見でできないようでは、プロのコンサルタントとは言えません」

森谷さんの言うとおり、何気なく社内を見ていても、なぜこういうレイアウトなのか、社員はなぜこういう行動をとるのか、なぜ表情が固い（暗い）のか、ひとつ先のところまで考えを及ぼすと、同じ社内を見ていても景色が違って映ることがあります。

そういう常に一歩先を考える習慣というのが、仕事にプロの付加価値を付けるということになるのだと思います。

▼人と異なる視点と視線を持つ習慣

企業から、契約している社労士さんを当社の人事コンサルタントに切り替えたいというオファーを受けることがあります。その意向をよく聞いてみると、知識からノウハウを求めて切り替えるということでした。

人事コンサルタントと社労士では、求められるものが異なります。知識や手続き業務を売ることが主たる仕事の社労士と、ノウハウと判断を売るコンサルタントは似ているようで違います。

コンサルタントにとっては知識の切り売りはアマチュア、初級者の仕事です。プロと認められるには、決められたことだけならできる初級者とは違うところを顧客に見せる必要があります。そのためには、一般のビジネスパーソンの見ている風景とは異なる視点を持つだけではない。視線も目の前だけを見るのではなく、一歩先、二歩先に視線を向けることで、見えてくる景色があるということです。

コンサルタントにとって結果とは何か

アメリカでは、コンサルタントを雇うということは、時間を買うことだと言いますね。

企業買収でも同じことを言っていて、自社で技術やノウハウを開発するには一定の年月を要するので、そこを一足飛びにジャンプするため、すでに技術やノウハウを持っている会社を買収するのだということです。

コンサルタントを企業に招くのも、自社でやれば5年かかることをコンサルタントの指導・協力を得ることによって2年で達成することができるからで、コンサルタントを雇うのは3年という時間を買うためであると言っています。

この場合、5年かかることを2年で完成させるという「時短」が、コンサルタントにとっての結果ということです。

コンサルタントフィーは、この浮いた3年という時間に相当することになります。

コンサルタントにとっての結果とは、何かを完成させる、達成するという「できる」ということだけでなく、スピードも問われるということです。

いわば「質・量・スピード」が揃ってコンサルタントの結果は評価されるということでしょうか。

▼見える結果を出すには

志水克行さんの考えはどうですか。

「スピードも大事ですが、企業が何か新しいことをするときには試行錯誤がつきものです。しかし状況によっては、試行錯誤を重ねる余裕のないこともあります。個人でしたら、粘ってリカバリーできることでも、失敗したら致命傷ということが組織にはあります」

志水克行：そういうミッションの失敗のリスクを最小限とするために、コンサルタントが入ることも少なくありません。

登山ガイド、シェルパのような仕事ですね。

こういう失敗できない仕事は、なにより成功させることが優先されますから、スピードは二義的なものとなります。

ただし、こうしたミッションでも、成功するためにはスピードを必要とする、「生物《なまもの》」を扱うケースもありますから、そういうときは神経を使います。

いずれにしても無事にミッションが成功すれば、それが結果となります。成功か失敗かは、誰にでもわかりますから、結果は明白です。

プロである以上、目に見える結果を出すということが重要ということですね。

人事制度づくりでは、制度をつくり上げれば、その仕事は一旦完成ということになります。できあがった制度が仕事の結果ですから、わかりやすい。

しかし、制度の運用の結果ということになると、結果が出てくるまでに時間がかかりますし、みんなが文句を言わないからといって、安易に成功と評価するのも難しい。

みんなが文句を言わないのは、本当に制度がよかったからなのか、制度は不十分でも運用の仕方がよかったからなのか、あるいは、まだ悪い点が顕在化していないだけなのか。なかなか結果が、目に見えないところがあります。

▼目に見えない結果を見る方法

同様に情報やノウハウを伝えた結果も、目に見える形で出てくるまでには時間がかかります。

それが情報やノウハウを得た結果なのかも判断が難しいものです。

こうした表に出づらいことを、目に見える結果にする方法はありますか。

森谷さんはどうしていますか。

「研修やセミナーなら、情報やノウハウを教えた事実をもって仕事は一旦終了ですが、コンサルティングは企業内で結果を出さなくてはなりません。それも目に見える結果となると、すべてにそれを実現するのは難しいですね。ただ顧客の社長と話していると、制度運用がうまく行っているかどうかは、社員の顔を見ていればわかると言います。うまく行っていると社員の動きが変わってくる、社員の笑顔が増えるということです」

結果の見えづらいことでも、毎日、社内を見続けている社長にはわかる。わかる人には、わかるということですね。

そういう社長だから結果が出るのかもしれませんが。

コンサルタント契約を継続させる条件

コンサルティング会社が存続するには、言うまでもなく顧客契約の継続と新規開拓が必要です。個人でやっているコンサルタントでも、そこは同様でしょう。

プロの経営コンサルタントと認められる条件にしても、顧客が契約の継続を依頼するようでなければプロとは言えません。

ここで改めて契約を継続するために必要なことは何か、追求してみたいと思います。

契約を継続するには、顧客の期待に応えることが必須です。

そのために、前述した目に見える結果を出すことも求められます。では、結果さえ出していれば安泰なのか、成果を上げていれば契約は継続するかというと、そうとばかりは限りません。

ある課題の解決を引き受けて、見事にそれを解決したとき、解決したのだから契約もそこで終わりということがあります。

非常に不謹慎な話ですが、問題が解決しないほうが契約は続くというケースもないことはありません。問題を長引かせるために、あえて肝心な点を避けて、周りの外堀ばかりを埋める、同業者のそういう話も聞いたことはあります。

背に腹は代えられないとはいえ、こうなるともはや人間性の問題です。

▼会社の次のステージが見えているか

「企業は成長しますから、ひとつの課題が解決しても必ず次の課題が出てくるはずです。契約の継続だけを考え、同じ課題を引っ張るのではなく、次の課題に挑戦することが企業にとって必要であることを説得することが、コンサルタント本来の役目でもあります」

なるほど、そうですね。志水克行さんの意見を聞きましょう。

「そのためには、まずコンサルタント自身が会社の次のステージと、そのステージに昇るため解決すべき課題が見えていなければなりません。ある意味で、社長以上に会社のことを理解しているのがコンサルタントです。会社の発展の姿とそのロードマップ、各ステージで求められる形、その形を実現するために解決しなければならない課題と、その解決法を提案することができてプロの経営コンサルタントです」

そもそもコンサルタントに期待されているものが、もっと大きいというのが「志水説」ですね。中途半端な仕事では、評価されないのがコンサルタントの仕事であると。厳しい見方ですけれども、それが真実かもしれません。

▼コンサルタントと社長の相性

志水浩さんは、コンサルタント契約の継続には何が決め手と考えていますか。

「顧客の社長との相性は大きいと思います」

志水浩：相性がよいというのは価値観が近いということです。コンサルティングでも価値観の合う人とは、大体よい結果が出ます。営業活動においても（初期面談など）決してうまく行ったとは言えない場合でも、契約が決まるということがあります。

そういうケースでは、後になって社長と価値観が合っていたということが多い。

価値観が合っていれば、コンサルティングのすり合わせでも齟齬は少ないですし、比較的早い時期から信頼関係を築けます。それだけコンサルティングの環境と条件が整うわけですから、自ずと結果も出やすいことになります。

たしかに価値観が合っていれば、結果の評価についても見解の相違ということを避けられますね。我々は販促活動の一環としてセミナーや原稿執筆をやりますが、そういうときにも、もっと積極的に価値観を示したほうがよいのかもしれません。

「顧客先の社長と相性がよいに越したことはありませんが、相性の悪い人を相手に仕事をするのは自分を成長させるチャンスだと思います」

別の角度から飯塚さんの意見が出ました。

飯塚さん、続けてください。

「異論ではありませんが、性格的に相性が悪くても、一緒に仕事をするとなぜか結果はよいという人もいます。相性は英語でケミストリーです。化学反応ですから、何が起こるかわからないこともあります。プロジェクトを進めるのはかなり精神的にも大変ですが、そういう方と仕事をした経験は自分の成長につながると、私自身の体験から言うことができます」

契約の継続ばかりでなく、コンサルタント自身の成長という視点も大事ということですね。長い目で見れば、コンサルタントが成長しなければ、コンサルティング会社も衰退を余儀なくされるだけですから、それも大切なことと思います。

Column

コンサルティング会社に採用される人、されない人

新卒採用に積極的なコンサルティング会社では、安定的な受注構造のある会社か、コンサルタントとは言いつつ営業職などで採用する会社に分かれる。

中途採用については、コンサルタント経験者に限り募集している会社と、未経験者ＯＫの会社があるので、この点は確認したほうがよい。

未経験者がコンサルタントに転職する場合には、できれば20代から、遅くても30代前半までが望ましい。40代、50代で転職する場合には、受け入れが極端に狭くなるので、独立を考えたほうがよいかもしれない（もちろん、これも難しい）。

新卒もしくは未経験者の場合、対人コミュニケーション力と思考力を兼ね備え、勉強好きである人材が求められる。

入社前の知識やスキルではなく、むしろ入社してからの伸びしろを重視するからだ。

面接をしていて、こちらの質問の意図や反応が理解できない人はＮＧ。服装や立ち居振る舞いなど、マナーの悪い人もＮＧというのは他の業界と同じである。

ひとつの会社との契約が長く続くことの功罪

コンサルタントにとって、契約の継続は生命線という話と矛盾するようですが、同じ会社と何十年もコンサルタント契約を継続することは、果たしてよいことか。この点について考えてみたいと思います。

コンサルティング会社の視点からは、社員コンサルタントの担当企業数が限られると継続率は高くなる一方、新規の契約数は増えません。

それでは経営は安定するものの、事業規模は横ばいを続け、業績は伸びないことになります。

しかし我々新経営サービスが、バブル崩壊後に同業他社がばたばたと倒れていったとき、持ちこたえられたのはコアとなるお客様の継続があったからです。

「私は継続にこだわることはないと思っています」

では、中谷さんに発言してもらいましょう。

「コンサルタントの力量を上げるためと、顧客の会社のためという2つの視点からもそう言

える と思っています」

▼企業ステージが上がれば役目を終える

中谷：前提として、長年継続することは、それはそれで素晴らしいことだと思います。顧客にとってよき相談相手、よい関係性ができているということでしょう。ですが、コンサルタントの力量が上がっているか？というと疑問です。コンサルタントの力を上げるには、どんどん新しい経験を積むことが必要です。ひとつの顧客で長年継続支援することでも、新たな課題の発見や解決に向けてのコンサル経験は積めると思いますが、そういう意味では新たな顧客と仕事がはじまるほうがコンサルタントの経験値・力量としては圧倒的に上がると思います。コンサルティングが担当できる企業数は限られますから、所属するコンサルタントの数を増やさない限り、契約継続が増えると新しい経験を積めないことになります。

ただ、1年ごとにスパスパと顧客との仕事を終え、新たな顧客と仕事をすることが望ましいと言っているわけではありません。やはり、関わらせていただいて2〜3年で本当の意味での本質的な問題点がわかり、それに取り組めるようになると思います。

そういう意味ではやはり5年程度はやらないとダメだと思います。

次に企業ステージとコンサルタントの適性という点で見たとき、すでに企業のステージとコンサルタントがミスマッチというケースがあります。

当初は得意とする支援テーマでコンサルタントとして入りますが、そのうちに顧客規模が大きくなり、あるいは上場といったようなことになると、そこから先は、やはりその規模を得意とするコンサルタントがいるはずです。

小学生の教諭が、中学生の授業も勉強してできないこともないが、やはりそれは中学教諭のほうが専門性があるのは当然です。

コンサルタントの仕事においても、そんな感じがします。

10店舗のチェーン店と、１０００店舗のチェーン店では世界が違います。そういう意味では、私の意見としてはコンサルタントとして任せていただいた以上、５年で必ず企業ステージを１つ上に上げなければならないと思っています。

逆にステージを上げられていないと、長年支援できるという側面があるのかもしれません。継続できるイコール品質が高いかというと、そうではないように感じます。

それでも顧客から契約継続の申し出があったときはどうしますか。

中谷：伴走者として、本当にありがたいお話だと思います。ただ、顧客にとって重要な次なる課題が、私の専門外であれば、それに適したコンサルタントや会社を紹介するというのが誠意だと思います。

ただし、最終的に継続するかどうかの判断はお客さんになるので、大体の場合は、コンサルタントというより、実際は、社長の相談役・アドバイザリー的な立ち位置で継続となることも多いです。

企業ステージが上がる中で、貢献できることがあれば、その点について継続して協力することはあってよいということになりますか。

「もちろんです。言いたいことは、継続にこだわりすぎることには、顧客先とコンサルタント自身にリスクがあるということです」

中谷：コンサルタントの継続を否定するわけではありません。

課題を解決し、それで、これ以上は自分の役目ではないとわかったら、そこで去る。

企業のステージを上げるために、新たな課題解決が必要で、それは継続してやったほうがよいのであれば継続し、自分以外のコンサルタントに任すべきというときは身を引く。

そういう態度がプロの経営コンサルタントだと思います。

継続の期間は何年くらいが適当だと思いますか。

▼5年を目処に新規先へ

中谷：テーマにもよりますが、中小企業の場合ひとつの会社で課題解決に要する時間は長くて5年くらいでしょう。

それ以上の時間を要する課題もないわけではないですが、普通はあまり時間をかけることは好まれません。ですから、5年以内で決着をつけて、そこで継続か、身を引くかをいったん考えるということになるのではないかと思います。

5年もかかるのかという意見もあるかもしれませんが、先にもお伝えしたように、本当の問題や課題が見つかるのが、1〜2年経ってからという感覚です。

と同時に、その問題点に取り組めるだけの顧客先との関係構築も含めて、1〜2年経って取り組めるんだと思います。

「1年間や単発だけの仕事では、表面上の課題（顧客のオーダー）に対してやっただけにすぎないと思います。それはそれで顧客の要望に応じた形になるので、悪いことではないのですが。関わらせていただいた5年で確実に顧客の企業ステージを1つ上に上げていく、そういう強い想いで仕事をさせていただいています。

ステージが上がれば、先にもお伝えしたように、我々の専門外のテーマになることも多いのですが、それはそれでよしとして、私たちの役目は終わったと」

会社としては痛しかゆしというところですが、顧問先の発展ということを考えると、我々の役目が終わったら、いさぎよく次のステージへ向かう顧問先を見送ることも、大切なのかもしれません。

それが、また我々コンサルティング会社の成長につながるようであれば、最善の結果なのですが、それは我々の努力次第ということでしょうか。

プロフェッショナルを感じさせる人の条件

コンサルタントとしての「プロらしさ」とは何でしょうか。

これも、何度か触れてきたテーマですが、ここでまとめてみたいと思います。私見を述べますと、プロらしさとは当然ながら、まず実績のあること。次に下積みを乗り越えている（キャリアに迫力がある）こと、その結果、言葉に重みを感じさせる人であること。この３つが揃っている人は、一見してプロだと思います。

小さなことですが、態度、服装、マナーが整っていることも大事です。

神は細部に宿る。概して物事は、小さなほころびから崩壊することが多いものです。当社のコンサルタントには、顧客訪問時にビニール傘を持っていってはいけないと言ってきました。安っぽく見えるからです。

人は、見た目で90％以上が決まるとも言われます。志水浩さんは何か気を付けていることがありますか。

「見た目ではありませんが、話し方には気を付けています。一方的にまくしたてるような話し方は厳禁、相手に届く話し方ということを意識しています。具体的には、私の場合ゆっくりとはっきりしゃべることを心がけています。伝えることが仕事のコンサルタントにとっては、相手に届く話し方はプロの条件の大事な要素と思っています」

飯塚さんは、どんなことが大事と思いますか。

「やはり何かひとつ光るものを持っていることですね。外見だけをつくろっても、結局はその人に『コレは光っている』というものがないと、プロだなあとは見られません」

▼見た目以上に大事なこと

森谷さんは、見た目で何か意識していますか。

「プロらしさということでは、私はあえて少し形を崩しています。四角四面よりも、そのほうが親近感を持たれますし、いわば教科書を離れた自己流の形、それがつまり崩し方ですが、それを示すことでプロらしさが出ることもあります」

昭和から平成の中期までに見かけた、いわゆる昔のコンサルタントのように、偉ぶった物の言い方で相手を威圧しようとするスタイルはもう通用しません。

もはや本当のスキルと課題解決力でしか、お客様を納得させられない時代になったと思います。中小企業だから、何も知らないと考えるのは大きな間違いですし、大企業で身に付けた知識やスキルが、必ずしも中小企業で重宝されるということもありません。

▼最初の一カ月でお客に「おっ！」と思わせること

お客様からプロとして見てもらうためには、外形面をクリアすることは最低条件です。ハーズバーグの衛生理論風に言えば、外形面を整えることは不満足要因の消去ということになります。減点はされないが加点もない。

顧客先からプロとして見られるには、やはり「おっ！」と思われることが求められます。それも、顧客先へ訪問をはじめて1カ月以内であること。

そのためには、飯塚さんの言うように「何か光るもの」を持ち、それを丹念に磨き続けることが欠かせません。

それがコンサルタントの研鑽ということです。

Column

コンサルティング会社が優秀な人材を定着させるカギは？

コンサルティング会社が優秀な人材を定着させるのは難しい。

著名なコンサルタントのプロフィールを見ても、いくつかの組織を渡り歩いている人が少なくない。優秀で意欲も高いがゆえに、ヘッドハンティングなど他社からの誘惑も多く、いまの組織で成長が鈍化していると感じれば、別のフィールドに身を置いてみたいという気持ちになるのだろう。

こういう点では、プロのスポーツ選手に似たところがある。

優秀なコンサルタントの転職を引き留めるため、過度な説得を試みたり、転職・独立に制約を設けるコンサルティング会社もあるが、むしろ逆効果のように見える。

コンサルティング会社は、優秀な人材から「他社や独立してやるよりも、この組織にいたほうがよい」と思われるよう努力することが重要と考えている。

会社にいることで成長が期待できる、各人の要求（自由度、所属メンバーの優秀さ、成長環境、周りからの賞賛、ワークライフバランス）に加え、実力に見合った報酬や選択肢が与えられていることも大事な要素である。

ある組織・人材開発コンサルタントの1週間

月曜日

月曜日から研修。

クライアントの企業が企画した研修講座の講師として登壇。管理職昇格前の人を対象に、小グループで「上位者」「下位者」「他部門」との関係性強化をテーマに実施。

朝から夕方までの1日研修を終えて、研修会場から帰宅。

火曜日

この日は東京で2社を訪問。

午前中の訪問は、社長と今後の展開を打ち合わせ。さらなる組織強化を図ることを確認。

午後は問い合わせをいただいた新規企業への初訪問。課題解決に向けてお役に立てるよう提案、新たなご縁をいただけることを期待する。

午後の商談後には、いつもの「パワースポット」に立ち寄り、日々のお礼と新たなエネルギーをもらう。

水曜日

前日に続き、東京でクライアント企業の研修を実施。役職者のステップアップを図るべく、2年間にわたる企画で進めている。

受講者のみなさんは非常に前向きで、熱心に自己の成長、ひいては組織の成長につなげるため、ときには口論しながらも真摯な姿勢で取り組んでいた。

この日は20時の新幹線で京都に戻る。

木曜日

週に1～2度の社内業務。終日、外出は控えて会社で作業する。

こういう日はとても貴重で、宿泊先などでは十分にできないコンサルティングや研修の準備に充てることにしている。

他メンバーとの会議やちょっとした打ち合わせで、社内にいるほうが忙しい。

金曜日

自社主催の「実践管理者養成講座」、５カ月間、毎月１泊２日、計10日の講座の初日。担当講師として今日から受講者と共に泊まり込む。合宿は大変だが、受講者と細かなやり取りを繰り返せるので、成果にもつながり非常に効果的である。自分自身も充実感に満ちている。

土曜日

今日も引き続き実践管理者養成講座。朝から全員でウォーキングに出かけ、規則正しく一日をスタート。最終講では、受講者全員がアクションプランをプレゼンテーションし、今後に向けて心と頭を整理して全過程終了。修了式を終えた後は「打ち上げ」。全員でここまでの努力をお互いに労いつつ、講座の余韻を楽しむ。受講者は、同期生としてこの後も交流を図るケースも多い。

日曜日

日曜日は、可能な限り仕事を入れないようにしている。

我が家の子供たちは大学生と高校生。それぞれ忙しくしているため、最近ではなかなか家族が揃わない。

ただ毎年、年賀状用に家族揃って記念撮影（言い出しっぺは妻。これはこれで、子供たちも喜んで写ります……、いまのところは）。

撮影の後は、みんなで揃って食事、買い物に出かける。

第3章

経営コンサルタントに必要な専門知識とスキルの磨き方

コンサルタントになるための勉強法

コンサルタントを職業に選んだときに、どんな勉強をしたか。これも、これからコンサルタントになろうかと考えている人にとって有意義な情報と思います。

私の場合は、申し上げたとおり、証券系の新聞社にいましたから、できるだけ多くの会社名を憶えました。さて、それがコンサルタントになってどういう役に立ったかというと、こういうことです。

上場企業には、証券コードという番号が振り当てられており、概ね業界ごとに並べられています（最近は変わってきたようですが）。それを見ていれば、社名と何をやっている会社か、それに事業内容も概ねつかむことができるわけです。

大量のテレビCMを流している車や化粧品、家電などの消費財メーカーや、日常生活で接する機会の多い食品、衣料品などのメーカー、それに街中で目にするスーパー、飲食店、金融機関などの企業名は多くの人が知っていますが、BtoB（企業間取引）の卸売業や部品メーカーなどは、超優良企業でも名前を聞く機会がありません。

たとえば、金属関係の会社の事前相談や支援を行う際、先方と話をしていて、鉄鋼メーカーや鉄鋼商社の名前が頻繁に出たとします。そういうときその企業名だけでも、あらかじめ頭に入っていると、話の内容はぐっとスムーズに理解できるものです。

また、こちらから何かをたとえ話で説明をしようとするとき、その業界の企業名を出すことで、先方が理解しやすくなります。いくつもの業界のことをある程度わかっていると、先方にこちらの知見の広さを認知してもらえるという効果も期待できます。

▼実践的な勉強法とは

志水克行さんは、コンサルタントになることを決めてから、どんな勉強をしましたか。

「起業家を退いてからは、経営を一から勉強しようと思っていましたので、まず簿記の勉強をはじめました。なぜ簿記かというと、決算書が読めなければいけないと思ったからです。簿記２級くらいの知識があれば、決算書は読めるようになります」

志水克行：やはり、決算書が読めなければ会社の状況をつかめません。ですからコンサルタントをはじめる前に、決算書くらいは読めるようになっておかなければと、簿記というか、会計の勉強をしたわけです。これは有意義でしたね。
企業というのは、組織の問題であっても決算書に表れます。単年度ではわからないことでも、何年か通して見ていると問題があれば決算書に異常が見えてくるものです。その異常の原因・理由を聞いていくうちに、徐々に問題の核心に近づいていくことができます。

ほかにコンサルタントをやるなら、こういう準備をしておくほうがよいということはありませんか。森谷さんはどうですか。
「PC、ITスキルはプレゼンスキルと共に現代のコンサルタントに必須ですね。専門的なスキルは要りませんが、普通の人よりはITスキルが高いことを求められると思います」

森谷：コンサルタントとは、ある意味で相手にわかるように情報を伝えるというのが仕事です。いわばプレゼンのスキルがコンサルタントの命綱と言えます。
ITは極端に言えばコミュニケーションツールの一種ですから、プレゼンでも効果的にIT機器を使いこなし、相手にわかりやすく情報を伝える、インパクトを持って言いたいことを理解してもらう。そういうスキルは身に付けないといけないように思います。

「ちょっと変わっていますが、私は入社直後に社長から『君は字が下手だから、字を直しなさい』と言われました。それでペン習字に取り組んだことがあります」

それはどういう理由からですか。志水浩さん。

「コンサルタントは一挙手一投足を見られています。デジタル時代とはいえ、いまでもプレゼン、研修でホワイトボードを使うこともあります」

志水浩：そのとき書いた字が稚拙、小学生のような字を書いていては不利。字もマナーと同じ、コンサルタントにとっては身だしなみと同じということです。

その他、コンサルタントになる前の勉強で、印象に残っていて、役に立ったのはやはりドラッカーの著書『マネジメント』ですね。その後コンサルタントになってからも、若いときには顧客からの相談に対する回答の判断軸になりました。

志水浩さんの文字の練習は成果がありましたか。

「実はひらがなだけを練習したのですが、ひらがなが直ると、それに影響されて漢字もきれいになってきました。練習した効果はあったと思います」

中谷さんは、コンサルタントになる前には、どんな本で勉強していましたか。

「コンサルタントになる前は、学生時代になります。学業として会社法や証券取引法、M&Aを専攻していたということもありますが、それ以外のことでは、財務を意識的に勉強していました。決算書を理解したり財務分析ができるように、最初は簿記の勉強からしましたね」

中谷：簿記の勉強は3級からはじめました。志水克行さんの言うとおり2級まで進むと、決算書を読むための知識は十分です。

簿記で基本的な知識を身につけた後は、決算書の読み方的な本を何種類か読めば、読み解くための角度やコツがつかめますから、決算書はある程度わかるようになります。

私の場合は、事業をやっていたときに仕事として、税理士と決算の予測や決算対策をしたり、融資相談に向けて財務の中期計画や、財務分析を銀行に提出したりしていたので、コンサルタントなってからもそれが役立ちました。

コンサルタントは何らかの資格を取っておくべきか

経営関係の資格では、税理士、公認会計士、弁理士、社会保険労務士などの資格がありま す。先述したとおりコンサルタントは無資格でもできるものの、やはり資格があったほうが有利なのではないかと考える人は少なくないと思います。

資格は、やはりあったほうが有利でしょうか。中小企業診断士の資格をお持ちの中谷さんはどうお考えですか。

「確かにそう考えがちなのですが、実際には中小企業診断士イコールコンサルタントではないということを認識すべきです。中小企業診断士の取得の中で、経営に関する知識や、企業の問題解決の考え方を持てるようになるのは確かでしょうが、プロのコンサルタントとしてやっていくには十分とは言えません。ただ、資格がないよりはあったほうが確実に経営はわかりますし、これだけ勉強してきたという自信を持つことにはつながるはずです。ただ、プロのコンサルタントは結局、人を動かす仕事になります。知識を持っていても、人を動かすためのスキル、能力はまた別ですね」

中谷：中小企業診断士を取るために勉強をすることで身に付く、一定の知見はコンサルティングのベースになります。それは私の経験からも言えます。

そういう意味では、診断士の資格は決してムダではありません。

ただし実感として言うならば、診断士の資格はコンサルタントにとって必要不可欠とは言えない、十分条件とは言えない。あえて言えば、ないよりはましという程度と思います。現実に、診断士資格がなくても優秀で立派なプロコンサルタントは山ほどいます。

▼診断士資格を取るための勉強法

中谷さんは、そもそもどういうきっかけで診断士資格を取ろうと思ったのですか。

「経営者として事業をやっていたときには、経営を「我流」でやっていました（みなさん、最初はそうだと思いますが）。しかし、本当にこれは正しい判断なのか、というボンヤリとした不安（気持ち悪かった）があったため、経営の勉強を体系的に学ぼうと勉強をはじめたのがきっかけです。それまでは中小企業診断士という資格があることすら知りませんでした。本屋で経営本の立ち読みをしていたときにはじめて知り、この資格を目指すことが経営を勉強したというひとつの証になるかな、というのが動機です」

中谷：別に、中小企業診断士になりたいと思ってやりはじめたのではありません。

当時、経営者としての仕事が忙しかったのと、通うのは続かない気がしたので、通信教材で勉強しました。朝５時から出社する７時まで、ほぼ毎日勉強し続け、結果２年で最終合格（29歳）。いま思うとよくできたなと思っています。

少し具体的な勉強方法というと、音声を１・５倍速くらいで、わからなくても通しで聞き、テキストを３～４回は繰り返して勉強していました。

１回目の理解度10％が２回目の理解度は30％、３回目の理解度が60％、４回目で80～90％というふうに繰り返すことで理解度を上げていきました。恐らく、最初はわからないことが多いので、そこでいちいち立ち止まって深く理解しようとすると、勉強する範囲が膨大で後が続かないと思います。まずは全体を通しで聞くことが大事だと思います。

１次試験の勉強はとにかく知識の習得ですが、２次試験は事例問題なので面白いです。そちらの内容に早い段階で触れておくことがポイントかもしれませんね。

私は予備校に行っていないので、それが正しいかどうかはわかりませんが。

あと私の場合は、経営実務をやっておりましたので、学んだことを実務に活かそうという想いが強かったことも勉強にはプラスになりました。

森谷さんも、診断士資格の学習をしたようですね。

「診断士講座に通って勉強しました。現役の診断士が話してくれる事例などは、現場でどんな知識が必要となるのかがイメージしやすく参考になりました。週1回程度の講座に8カ月くらい通いましたが、その講座以外ではほとんど勉強しませんでした」

飯塚さんは、IT企業時代にやった「ロジカルシンキング」の勉強が役に立ったという話でしたが、それはどういう勉強をしたのですか。

「勉強は会社の勉強会で、それと読書が主です。システムエンジニアでしたので、実感として仕事柄否応なく身に付いたというのが一番大きいと思います」

▼資格が邪魔することもある

中谷さんは、中小企業診断士の資格を取っていて、何か有利なことというのは全然なかったのですか。

「私は、特に資格を持っているから仕事が取れるといった有利さを感じることはありませんでしたね。コンサルティング会社に転職する際は、もしかしたらひとつのアピールポイントにはなると思いますが。もし、診断士を取得し、中小企業診断士として活躍していきたいのであれば、各都道府県の診断士協会に入会し、そこでしっかり活動されることをお勧めします。そこで、いろんな勉強もできますし、仕事のチャンスもありますし、会社に勤めずに、独立してやっていこうとするのであれば、少し助けになるかもしれませんね」

中谷：仕事が取れるという決定的な資格にはなりませんが、仕事をする上では、とくに金融機関の人には「中小企業診断士」が知られている資格ですので、名刺を出すと、「診断士なんですね」と感心したような反応を示されることもあるでしょう。

金融機関を相手にするときには、資格が効果を発揮するかもしれません。

私の妻は、社長として会社経営をしているのですが、夫である私が診断士・コンサルタントということで、融資なんかも通りやすいようです（笑）。それ以外のケースでは、中小企業診断士であることを売り物にするのは難しいですが、一般の人が知らないような各種補助金や助成金を知っているので、それを活用できる力があるのは診断士ならではではないでしょうか。

「私の経験ではないのですが……」

はい。では、志水克行さんの話を聞きましょう。

「私自身は資格を持っていないので、資格を持っている人は、しっかり勉強したんだな、この人は頑張って勉強できる人なんだなと評価しています」

志水克行：一方で有資格者には、自分が資格を持っているということを意識して、積極的に顧客の獲得に動けないという面もありますよね。そういう人を何人か見てきました。

資格が仇になって、仕事が取れないのでは本末転倒です。

資格を持っていても、それを前面には出さず、後からお客様に「ああ、診断士だったんですか」、あるいは「社労士の資格をお持ちだったんですね」と言われるくらいがちょうどよいのではないかと思います。

▼資格がコンサルティングに役立たない理由

資格試験には正解があっても、現実のコンサルティングでは正解はない。ベストはなく、あるのはベターな答えだけです。

前の章でも触れましたが、社労士と人事コンサルタントは、お互いの仕事の距離が近いように見えます。しかし、社労士資格が人事コンサルタントをやる上で、役立つかというと決定的ではありません。

現実に、社労士が人事コンサルタントをやろうとしてうまく行かないケースを多数見ます。この後でも詳しく述べますが、社労士は顧客企業から「これが問題です」と言われると、言われた問題点には対応しますが、本当の問題は別のところにあるのではないかという追求はあまり行いません。

問題は与えられるものではなく、見つけるものという基本動作は資格試験からでは得られません。

コンサルタントになってから必要な勉強

経営コンサルタントにとって勉強は、コンサルタントになれば終わりということはありません。むしろコンサルタントになってからの勉強のほうが重要です。

本を読む、専門誌を読んで最新の情報をチェックする。私はeラーニングも、活用していました。

そのほか、時代をつかむためには新聞、総合雑誌を読むことも欠かせません。セミナーに参加して、情報を仕入れることも日常的にやっています。

変わったところでは、本を書く、雑誌やネット媒体の記事を書くことも勉強になります。原稿を書くには、必ず何冊かの参考文献に目を通しますので、改めて知識を深めるのにも有効です。

同様の意味で、セミナーの講師をやるというのも「よい勉強」になります。アウトプットの機会を増やすと、インプットの機会も増えるものです。

▼コンサルタントならではの勉強法

志水浩さんのコンサルタントになってからの勉強法はどんなものですか。

「経験のないことにチャレンジするというのも、勉強せざるを得ない環境に追い込まれるという点で積極的にやっています。経験のないことであっても、調べたり研究したりすればできそうなことは引き受けることにしています」

たしかに、経験したことのないことをやってみると、自分に足りないものが何かが見えてきますね。

それがまた、勉強の動機づけになることもあります。

志水克行さんは、どんな勉強をしていますか。

「コンサルティング先の現場に入って、現場の人に教えてもらうのも貴重な勉強の機会です。教える立場のコンサルタントが、現場から教わるのはカッコ悪いなどと考えずに、恐れず現場に踏み込み現場の知恵を吸収する。これはコンサルタントだからできる勉強法です。教科書にない現場の知恵ほど役に立つものはありません」

知識を提供しながら、一方で知恵をもらうというのは、なるほどたしかに現場に入るコンサルタントならではは勉強法です。

現場が貴重な勉強の場というのは、ビジネス界ではよく言われることでもあります。

直接にお客様から教わるということではありませんが、お客様からの問いかけも勉強のきっかけになりますね。

▼身銭を切って学ぶ

お客様から尋ねられたら、答えないわけにはいきませんから、たとえ尋ねられたときには答えられなくても、次に会うときまでにはしっかり勉強して答えなければなりません。

身銭を切って勉強することも大事というのが、飯塚さんの持論でしたね。

その話も少しお聞きしたいと思います。

飯塚：外部の研修に参加すると、会社の費用で受講されている方と、自腹で受講されている方がいます。一概には言えませんが、自腹で受講されている方のほうが、受講意欲や成長に対する意識も高い傾向にあります。
実際、そういった研修で知り合いになった方とは、いまでもお付き合いさせていただいています。それだけの投資を自分にする覚悟を持っていますから、当然といえば当然かもしれません。会社に費用を出してもらうことを否定はしませんが、たまには自腹で投資することも重要ではないかと思うのです。

少なくとも、年収の３％くらいは、自己啓発に当てるべきでしょうね。その投資は必ず返ってくると思います。

▼課題解決力はコンサルタントが勉強し続けるテーマ

コンサルタントが、勉強し続けなければいけないテーマのひとつに、課題解決力があると思います。中谷さんはどう思いますか。

「課題解決力があれば成果が早く出ますね。コンサルティングに入っても、課題を素早く見抜き、解決するノウハウや経験値からくるコツを知っていれば、一気に成果が上がります。成果が上がれば、現場から信頼されます。信頼を得れば、その後の仕事がスムーズに進みます。逆に成果が上がらなければ、お客もこちらも疑心暗鬼に陥りかねません。だから課題解決力は、コンサルタントにとって重要な力だと思っています」

中谷‥繰り返しますが、お客様の信頼を勝ち取るという点では、1年契約のコンサルティングの仕事でも、1年かけてはいけません。1年かけずに結果を出すこと。私の中では目指せ3カ月です。予定よりも早く結果を出すことでお客様の信頼は高まります。結果を早く出すためには、課題解決力が必要です。

志水克行さんは、課題解決で心掛けていることがありますか。

「こうすれば課題解決力が身に付くということではありませんが、気を付けていることはあります。課題解決ではリアルな結果を出すこと。これが大事と思っています。リアルな結果を出すことが大事ですから、アドバイスで終わってはダメです」

志水克行‥リアルな結果を出すためには、まずゴールを設定すること、やり方を決めて達成水準を明確にするという前提が必要です。何を、いつまでに、どれだけやれば結果を出したことになるのか、そこを明確にします。

したがって、目標設定の基本は数値で明示するということです。

もうひとつ大切に思っているのは、現場に成功体験を積んでもらうということです。小さな成功でもこちらが成功と認めてご本人に伝えること、これが現場の自信になります。現場の自信は最終的な目標達成の大きな力となります。

ただし、成功を期待するあまり目標を下げて設定することは厳禁です。目標はあくまでも必要な結果を求めること。自信はプロセスを認められることで得られます。

コンサルタントはどこまで知識を広げるべきか

専門知識やスキル以外では、みなさんは、いまどんなことを勉強していますか。飯塚さんはどんなことに関心を持っていますか。

「心理学に関心を持って勉強しています」

それはどういう理由からですか。

飯塚：自分のやっている仕事でも、その学問的な背景を知ることは大事です。たとえば人はどういうときに学ぼうとするのか、その心理がわかれば私の仕事にも応用できます。

自分自身に体験がある、またはケーススタディを知っていれば、発言には自信を持てますが、そこへさらに学問的な背景があると確信を持って言い切ることができます。

▼日常的な情報収集の方法

現代はインターネットの時代ですので、情報収集もネットが中心になると思います。私は、ネットは情報チェックのときに利用しています。記憶違いということもありますので、その確認のためです。

また、使えそうな情報を探すときにもネットを利用します。使える情報を発見するコツは、その情報をどう使えるかを想像しながら眺めることですね。

そういう習慣でネットを見ていると、玉石混交のネット情報の中から、有意義なものを発掘することができます。

ただネットの問題は、広範な情報収集の入り口ではあるものの、ベーシックな知識を一気通貫で身に付けるのには不向きという点です。基礎知識を体系的に身に付けるには、やはり書籍のほうに一日の長があるように思います。

森谷さんは日常的な情報収集は、どのようにやっていますか。

「やはり新聞は必ず読んでいます。新聞を読んでいないと顧客と会話ができませんから。ネットニュースでは、どうしても偏りが出ます。顧客によっては業種上、世間の関心事とは別のところに注目する人もいます。広く情報をカバーするには、新聞を読むことが大事だと思います」

▼情報の収集と分析の手法

大昔のコンサルタントは、ドラッカーなどの翻訳をさらに組み立て直して、中小企業に提供すること、欧米の経営手法を分解・アレンジして伝えるだけの人も少なくありませんでした。いわば「干物《ひもの》」の切り売りばかりで、現場という「生物《なまもの》」を扱わない仕事でも通用していたのかもしれません。

いまは干物を扱っているだけでは仕事になりませんが、一般的な情報をお客様に合わせて、お客様に必要な形に情報をアレンジ・加工することは、いまでもコンサルタントの役目のひとつと思います。

最新の情報を収集・提供するだけでなく、情報の適切な「翻訳」「編集」「加工」技術もコンサルタントに求められるスキルではないでしょうか。

いわば情報という素材を見極め、最もふさわしい形に料理する。そういう料理人的な腕も、コンサルタントの腕ということです。

情報の分析では、何かオリジナルなやり方がありますか。森谷さんはどうですか。

「私は情報分析の過程で、法則性を見つけることに力点を置いています」

森谷：企業のＥＳ（社員満足度）調査を例に挙げると、賃金水準に対する満足度はほとんどの会社で低い結果が出ます。これはハーズバーグの衛生理論の証左で、賃金は満足要因ではなく不満足要因（高いことに満足するのではなく、低いことに不満を覚える要因）であることを示しています。これは賃金のひとつの法則と言えます。

リーダーシップの調査では２：６：２の法則が有名ですが、本当に会社に欠かせない人材は上位２割のさらに２割、つまり４％程度というのが現実と思います。

そのためか、社員数が25名以下の中小企業では、１人（25分の１）のスーパーマン社長が経営し、右腕・左腕が育っていない。中小企業の人材の法則と言えます。

パレートの法則はいろいろな場面で当てはまり、応用の効く法則です。

コンサルタントにとって、「多くの課題（８割）を解決するためには、影響力の大きい本質的な問題（２割）を見つけ出すことが肝心」ということが言えます。

Column

コンサルタントと書籍出版

コンサルタントの仕事には、書籍や雑誌・ネットの記事を書くこともある。中には書籍出版とセミナー、講演会の講師だけをやっている人もいる。実務をしないコンサルタントをコンサルタントと呼べるか、迷うところだが、むしろそういうコンサルタントのほうに有名人が多いというのも現実だ。

コンサルタントから本物の小説家になった人もいる。

歴史小説家の童門冬二氏は、都庁を辞めた後、本格的に小説を書きはじめたが、かたわらでコンサルタントもやっていたと聞いている。同じく歴史小説家の加藤廣氏も、『信長の棺』を出版する前は経営評論家だったし、池井戸潤氏もはじめのうちは、しばらく銀行との付き合い方的なビジネス書を書いていた。

古くは井原西鶴も、この流れの草分け的コンサルタントだったと言えよう。江戸時代のビジネス書と言える『世間胸算用』や『日本永代蔵』を世に出していた西鶴なので、彼に助言を求めた大店の主がいたことは想像に難くない。

コンサルティング会社は新人をゼロからどう育てているのか

ゼロからプロになるには、どうすればよいか。そのひとつの具体例として、我々が経験のない新人をどうやってプロの経営コンサルタントに育成しているかを紹介します。

ゼロ地点にいる新人が、実際にどのようなプロセスを経るのか。コンサルタントを目指す人にとっては、ひとつの参考になると思います。

我々は、入社1年目の新人コンサルタントでも、どんどん前に出ていってもらっています。不慣れだからと仕事を任せないということはしません。

とはいえ新人にとっては、すべてが初めての体験ですから、ブラザー制度などで公私を含むさまざまな面でのサポートをしています。新入社員には、入社と同時に仕事や生活面でのアドバイザーとなる「ブラザー（シスター）」が付きます。

日常業務の指導やコンサルティング現場への同行、仕事における悩み・不安の相談など、新入社員のよき兄（姉）としてサポートするのが「ブラザー（シスター）」の役割です。

ブラザーはスケジュール確認、提出物のチェックといった日常業務以外でも、年間の活動計画の策定や目標の設定などにも深く関わってきます。

新人は、いわば実地でマンツーマンの指導を受けているわけです。

仕事を覚えるのは、仕事を通してが基本。仕事をするのは新人自身ですが、ブラザーがそのコーチとしてサポートしながら走る。それが我々のブラザー制度ということです。

新人コンサルタントのブラザーを務める社員は、先輩とはいえ、まだ若手か中堅です。彼らブラザーは新入社員のロールモデル（身近なお手本）でなくてはなりませんので、ブラザーの役割は本人をも大きく成長させます。

新入社員は身近な存在から、コンサルタントとして求められる能力や知識を習得していくのです。

▼講座アシスタントでコンサルタントの基本を学ぶ

新入社員コンサルタントは、たいてい我々の主催する「経営者大学」や「実践・管理者養成講座」のアシスタントを経験してもらっています。

これらの講座には、すべて我が社が積み上げてきた経営理論やマネジメントのノウハウが詰まっています。

当社の人材育成プログラム

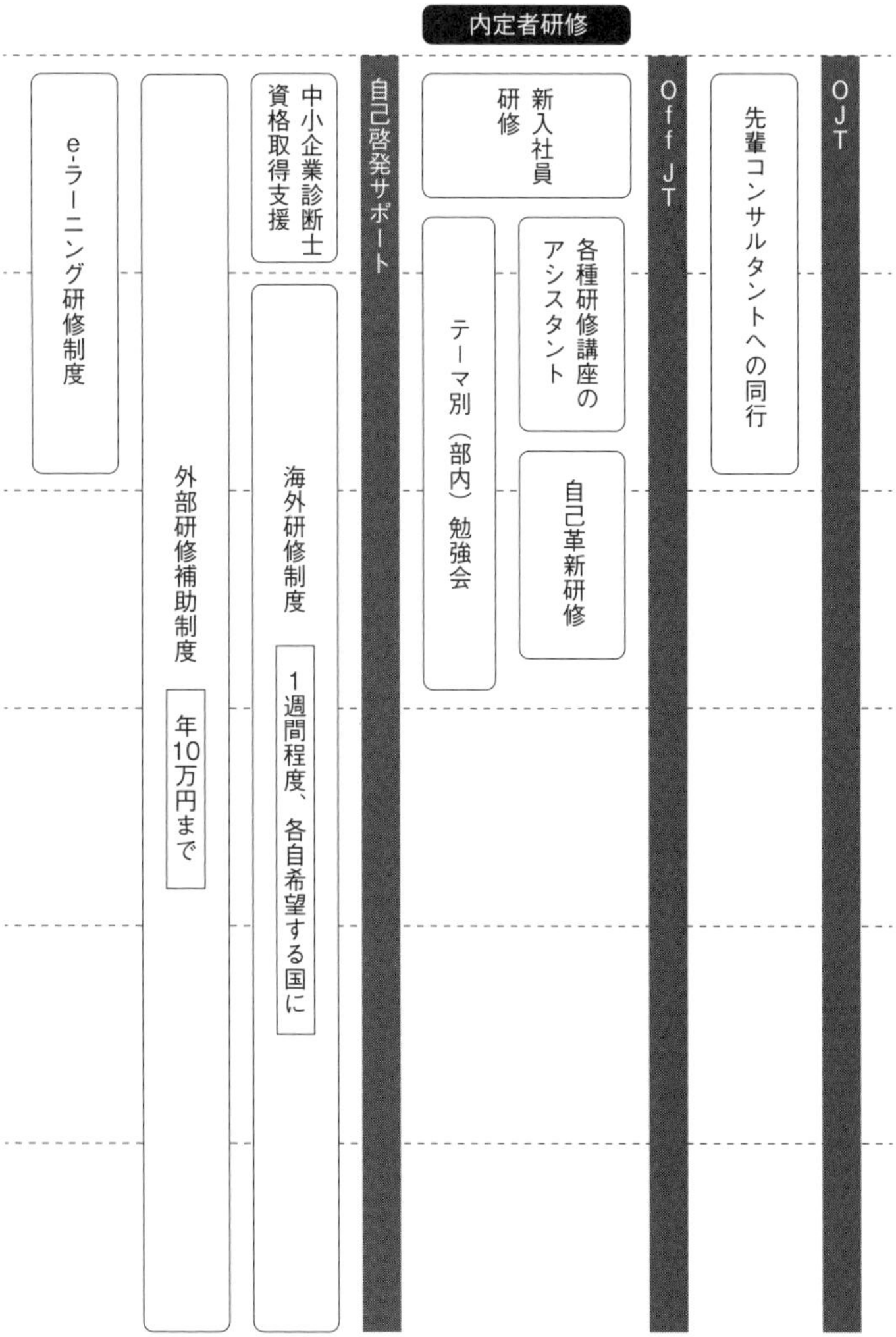
内定者研修
e-ラーニング研修制度
外部研修補助制度
年10万円まで
中小企業診断士資格取得支援
海外研修制度
1週間程度、各自希望する国に
自己啓発サポート
新入社員研修
各種研修講座のアシスタント
テーマ別（部内）勉強会
自己革新研修
Off JT
先輩コンサルタントへの同行
OJT

アシスタントにとっては、これらの理論やノウハウを自ら学ぶ場でもあります。

また受講生との関わりを通じて、経営者や経営幹部が、どのような悩みや展望を持っているのかを肌で感じることも、アシスタントを経験する大きな目的です。

アシスタントといっても、雑用や補助業務ばかりをやるわけではありません。

参加してもらう以上は、講座の運営も任せます。開催前の資料の準備や会場の予約、受講生への連絡はもちろん、講座の実行中も、受講生に対する配慮や講師への協力は当然求められます。

前述の志水浩さんがコンサルタントという仕事の重さを感じたというエピソード、「会社の状況が大変だから、どうか助けてやってほしいと電話口で懇願されました」というのは、こうしたアシスタントの務めを果たしていたときのことです。

「まだ入社3カ月の駆け出しコンサルタントでしたが、このとき自分のやっている仕事の意味と重要さを思い知る」というのは、新人に講座のアシスタントをやってもらう意義でもあるということです。

新人もベテランも共に学ぶ社内研修でコンサルタントのノウハウを磨く

このように、「経営を学ぶ場」と「経営者とのコミュニケーションの場」を同時に経験することは、コンサルタントとしての基礎を身に付ける上で大変重要なプロセスと私たちは考えています。

一方、コンサルティング会社ですから、当然コンサルタントとしてのスキルやノウハウを上げるための研修は欠かせません。

研修にはいくつかあります。

月に1度の社長が主催する「価値観共有タイム」、そのほか、コンサルティングのノウハウを共有する勉強会やスキルを高める研修などを、毎月スケジュールを決めて実施しています。

ノウハウの共有は、社員コンサルタントが実務の中で発見したこと、顧客先でうまく行ったケースなどを報告し、そこにあるノウハウや情報を共有することがねらいです。

現場でコンサルティングの実務を経験していないと、いくら貴重な情報でもその貴重さはわからないし、どんなに役に立つノウハウも、顧客の心理がわかっていないとその意味するところがわかりません。

だから、新人でも実務に就いていることが大切なのであり、講座のアシスタントを経験していることが効果を発揮するのです。

新人コンサルタントは、情報をもらう側にいることが多いのは事実ですが、新人といえども、黙って一方的に聞いているだけというのは許されません。情報は、全員がアップデートするための場というのが基本です。

情報のインプット量は、アウトプット量に比例する。新人コンサルタントでも積極的に情報公開することが、これら勉強会、研修会のルールです。

▼どこよりも厳しい新入社員研修

コンサルティング会社でも新入社員研修はあります。

内容は、一般企業の新卒者を対象にした研修と変わりません。しかし、他社の研修とは決定的に異なる厳しさのあるのが我が社の新入社員研修です。

新卒入社の新入社員は、我が社の主催する「新入社員即戦力化プログラム（新人研修）」に一般企業からの参加者とともに参加することになります。

社会人としての基礎スキルや心構えを学ぶことは、他の参加者と同じです。しかし、主催者である経営コンサルティング会社の新入社員として参加していますので、一般企業からの参加者から見れば、自ずと手本になる行動・発言を求められます。

他社にはない厳しさとは、周囲からの期待と注目を浴びて、それに応えなければならないことです。

周囲からの期待と注目を浴びるというのは、顧客の期待を背負って仕事をするコンサルタントの宿命ですから、新人の段階から乗り越えなければなりません。

新入社員研修は、最初にコンサルタントとしての姿勢を学ぶ機会でもあります。

研修後には、過去のコンサルティング実績としての成果物を閲覧したり、eラーニングで過去の社内研修動画を見たりします。

会社の理解や新人のスキルアップにつながる学習コンテンツを、いつでも、どこからでも学べる機会（ブラザー制度もそのひとつ）を多数つくり、スムーズな組織への合流や早期の戦力化、そして定着をサポートします。

▼資格取得の支援

新しい技術や情報を得るには、社内の研修だけでは十分でないことがあります。そのため、さらなる知識の取得やスキルを高めるため、外部の機関で行われるセミナーや研修に参加することも頻繁です。

各人が興味のあるセミナー・研修に対して、我が社では各コンサルタント当たり年間10万円程度を目処に参加費用を会社が負担しています。

経営コンサルタントは必ずしも資格を必要としませんが、資格取得の勉強をすることでコンサルタントとしての知識を身に付ける役に立ちますから、中小企業診断士の資格取得など、コンサルタントの仕事に関する資格取得のための外部研修の受講や資格取得関連の費用も会社が負担しています。

ある人事コンサルタントの1週間

月曜日

今日は朝からクライアント企業で会議とインタビュー。

来年度の人事制度改定に向けた方向性を議論。昼食はクライアントの社員食堂でお弁当。

午後からも引き続き会議と社員インタビュー。

現行制度の何が問題なのか、どうすればもっとよくなるのかを社員1人ひとりと真剣に
対峙しながら、一方で自問自答。

帰りの電車でも考え続け、21時半頃に帰宅。

火曜日

朝、自宅で少し業務を整理した後、新幹線で東京へ移動。

昼食は車内でいつもの「助六寿司」。午後から品川の企業でプロジェクト会議。

少し早めにロビーでメンバーと待ち合わせ、会議の最終チェック。

今日のアジェンダは、すでにスタートした評価制度の浸透策と賞与制度改定の方向性について。

2時間の会議を終え、カフェで振り返り。

今日はそのまま都内のホテルへ。プロジェクト資料の作成、部下からの提案書チェック、明日の営業準備とセミナー準備を終わらせ24時頃就寝。

水曜日

午前中は都内。

問い合わせをいただいた企業のところへ訪問、1時間足らずの短い時間で、どれだけ信頼関係を築けるかの一本勝負。

期待を持っていただいたらしく、提案を出すことに。早いうちに提案書を作成できるよう予定をスケジューリング。

午後は、都内で自社主催のセミナーを開催。講師として、人事制度改定について3時間半語り尽くす。

18時の新幹線で家路。

木曜日

朝から「特急サンダーバード」で大阪から福井へ。

午後からクライアント企業のプロジェクト会議。先月スタートした人事制度改革プロジェクトである。

今日は、事前に行った社員インタビューの結果について報告し意見交換。その後、３人の役員の方へインタビュー。

１人１時間。会社のビジョンや求める人材像、人事・組織課題など、制度改定の方針を決めるための重要な時間。

制度改定に対する期待の大きさを改めて実感。

17時に帰路へつく。

金曜日

今日は、何週間ぶりに出社し机にたまった書類を整理。

その後、社内プロジェクトの打ち合わせ。午後からは、月１回の勉強会。

それぞれが持つコンサルティング事例やノウハウをお互いに共有し、意見交換。その後は懇親会。

美味しいお酒を飲み交わす。

土曜日

今日は久しぶりに朝から家族揃ってジョギング。

気持ちのよい休日。

午後は子供の習い事の送り迎え。待ち時間はカフェで読書したり、執筆したり。

日曜日

今日は朝早く起きて、家族で六甲山フィールドアスレチックへ日帰り旅行。

家族と汗を流してリフレッシュ。この至福の時間が明日からの原動力となる。家に帰ったら、家族みんなで大河ドラマ。

第4章

経営コンサルタントに不可欠なコミュニケーション能力とプレゼン能力

結果を左右するコンサルタントのコミュニケーション能力

コンサルタントの仕事では、話す、書くがアウトプットです。アウトプットがいわば商品ですから、「話す」「書く」はとても重要なコンサルタントのスキルと言えます。しかし、外に向かってアウトプットするためにはインプットが必要です。

在庫にない商品を売ることができないのと同じで、インプットのないアウトプットもあり得ません。

つまり、話す、書くに加えて、聞く、読むの4つのスキルが、コンサルタントの基本的なコミュニケーション力と言えましょう。

では4つの力があれば、コンサルタントのコミュニケーション力は万全か。

昔から「背中で語る」「背中を見て学ぶ」という言葉があります。態度や行動で伝える、いわゆる非言語的コミュニケーションも大事なコミュニケーションの要素です。

聞くという漢字を「聴く」と書く人がいます。

漢字の現在の意味としては、両者に大きな違いはありませんが、「聴く」という漢字を使う人は積極的傾聴という意味で「聴く」という文字を使っています。

▼相手に応じた言葉づかい

相手の話に、真剣に耳を傾けるという動作は、相手に対して関心を持っていることを示しますし、相手を尊重しているサインでもあります。こうした関心の高さや尊重の意思は、真剣に相手の話を「聴く」ことで相手に伝わります。

これも非言語的（ノン・バーバル）コミュニケーションのスキルのひとつです。

コンサルタントのコミュニケーションスキルには、話す、書く、聞く、読むに、態度・行動を含んだ5つの力が必要ということになるでしょうか。

このほかにも、コミュニケーションで大事なことはありそうですが、中谷さんはどんなことに気を付けていますか。

「相手によって言葉を選ぶということですね。たとえばコンサルタントは社外の専門家ですが、顧客企業に入って支援している以上、顧客の会社のことは『御社（貴社）は……』ではなく、「我が社は……」と言うようにしています。顧客と同じ当事者意識を、自分自身が持つためにも」

中谷：我々コンサルタントは、顧客にとって共通の目的意識を持った同じ会社のメンバーである。この意識を言葉にすると御社ではなく「我が社」となります。いわば、同じ目的集団のメンバーであることを「宣言」しているということです。

単語ひとつでも、その選び方でそこに考え方や意識が表れます。顧客はそういう細かい点に敏感ですから、言葉選びは細心の注意を払っています。

▼数字の使い方

コミュニケーションでは誤解や齟齬《そご》が起こりがちですから、誤解や齟齬をきたさないために数字を使うという方法があります。

何でもかんでも数字で示すことはできませんが、数字を使うことで関心を持って聞いてもらえることもありますし、説得力が高まることもあります。

志水浩さんは、どんな数字のテクニックを使っていますか。

「いくつかの話をする際、冒頭に『3つあります』などと、数字を挙げることでしょうか。特に「3」という数字は網羅性、人間の短期記憶の容量からいって収まりがよく、説得力が高まるように感じます」

歴代総理大臣の指南役と言われた瀬島龍三氏も、同じことを言っていましたね。3つのポイント、3つの方針というように、話を3点にまとめるというのは、コミュニケーションのひとつのテクニックだそうです。

森谷さんは、どんなときに数字を使っていますか。

「感覚で捉えているものが、実はどうなのか。感覚が正しいかどうかを確かめるときに使っています」

森谷：たとえば日本人は、日本は小さな島国でヨーロッパは大国という感覚です。ところがEUで日本よりも面積が大きいのはフランス、スペイン、スウェーデンの3カ国だけ。こういう感覚と現実のズレを示すときは、国土面積という数字で見せるほうが手っ取り早いです。

その他に気を付けていることはありますか。

「『率』と『額』の使い分けを意識しています。売上目標の進捗をチェックするときは、前年対比を率ではなく、前年との差額で見るほうが実態をよく表しますから」

たしかに、あと30％頑張ろうと言われるよりも、あと3000万円頑張ろうと言われたほうが、何をどうすればよいかをイメージできますね。

Column

コンサルティング会社の社風に違いは？

コンサルタント業界の悪癖として挙げられるのが、不自由（やりたいことができない）、強制（飛び込み営業、テレアポ、押し売りなど）、経営トップの広告塔化（富士山型）、個人主義、長時間労働、低賃金（低分配）、アップorアウト、独立や転職への制約強化、東京一極集中などである。

このうち、複数の要素に当てはまるコンサルティング会社も少なくない。

我々は、こうした悪癖のアンチテーゼとして挑戦したいと考えている。

自由（大枠の範囲内でやりたいことができる）、手段自発（やりたくない手段は採らなくてよい）、相互協力、各人のタレント化（八ヶ岳型）、一人前の人材は、家庭・生活とのバランス、実績・貢献に応じて高分配。永久勤務可（実績・貢献に見合った報酬で）、顧客理解の範囲で独立・転職許容、京都の地で維持・実現を目指している。

そして、これらの考え方に共感する人材を増やしていきたいと考えている。

コンサルタントに求められる文章力

コンサルタントのアウトプットは、話すことと書くことです。また、記事原稿や本の執筆なども、コンサルタントの仕事の一環として無視することができません。

何でもかんでも話して聞かせるというコンサルティングスタイルを取り続けることは、現実には不可能ですから、コンサルタントにとって、一定レベルの文章力を身に付けるということは不可避と言えるでしょう。

飯塚さんは文章力の訓練として、どんなことをやっていますか。

「基本的には、読み手の立場で文章を書くということを心がけています」

飯塚：実は、私は文章力には自信がありません。本はたくさん読んでいるのですが、自分でも文章は下手だと思っています。コンプレックスさえ感じるときがあります。

しかし、文章がうまくなくても、読み手に伝えるべきことを伝える技術はあります。

前職で何度も稟議書の添削、書き直し指導を受けたことで、自分の文章のどこが悪いのかがわかり、結果、言い回しの妙よりも論理的な構成のほうが大事ということに気がつきました。それで文章力はなくても、意図が伝わる文章になったと思います。

基本的には、①単語を厳密に使うこと（間違った単語の用法を用いないこと、最適の単語を選ぶこと）、②文章の「てにをは」に敏感になること、③読み手が理解しやすいストーリーで書くことを意識しています。

▼使う言葉に敏感になること

文章もスピーチと同じで、回数を重ねることでうまくなるものです。訓練を重ねれば、ある水準までは必ず上達すると言われます。

有名な作家でも、デビュー前後に書いた作品と近年の作品では、まったく文章のテンポや緊張感が違うということがあります。漫画家でもそうですね。新人のときの絵とベテランになったときの絵は全然違います。

歌手でも同じことが言えるでしょう。

文章自体は、書き続けることで自然に上達しますが、コンサルタントにとって文章とは、文学的な表現を必要とするわけではないので、論旨が明確である、論理的に筋が通っているということに、注意すべきということが基本と思います。

そのほかのことで何か気を付けたほうがよいことはありますか。

森谷さん、どうですか。

「言葉、単語に敏感であるということは大事だと思います。『聞く力』（阿川佐和子著）という本がヒットしました。取材力とかインタビュー技術というより、聞く力というほうが、みんなが抱くイメージと行動がしっくり合う。そういう言葉、単語をたくさん持っていると文章を書くときに役に立つと思います」

森谷：同じ意味でも、使う単語によってイメージが変わってきます。会社の人件費でも、経営者には「活き金を使う」という表現が響きますし、管理職や人事担当者には「人件費の最適配分」などのビジネス用語が効果的ということがあります。

一時金でも、経営者や人事担当者には「賞与」、社員には「ボーナス」というほうが、よりそれぞれが抱くイメージに近い。相手によって言葉を選ぶことも、文章を書くときに大事なことだと思います。

相手がよく勉強している人なら、横文字を使うほうが、話が手っ取り早いですが、そうでない場合は、拒否反応を持たれる恐れもあります。一般に中小企業の経営者および社員を相手にするときには、できるだけ平易な言葉を使うようにしています。

▼適切な言葉のセンスを磨く習慣

マネジメントという言葉も、いまではごく普通に使われていますが、ドラッカーの『マネジメント』が日本で出版される以前は、マネジメントという単語の持つ意味は、必ずしも今日の意味と同じではなかったはずです。

結論としては、コンサルタントの文章力とは読み手の立場で書くこと、論理的な構成であること、適切な言葉やフレーズを使うことでしょうか。

そういう目で新聞や雑誌、本を読む習慣をつけることは大事なことだと思います。

文学的に優れていることよりも、論理性、実用性の高いことが求められるのが、コンサルタントの文書ということになりますね。

「あとは、会社によってはNGワードがあるのでそこは気をつけています。『従業員』と言わず『社員』と言ったり。『現場』と言わず『お店』と言ったり」

なるほど、中谷さんの指摘はそのとおりですね。

多くの人を相手にしたときのコミュニケーションスキル

相手を思いのままに操るようなスキルは、コンサルタントには必要ありません。

それは詐欺師のスキルであって、コンサルタントにとって基本となるのは、相手を理解し、相手からも理解されるコミュニケーションスキルです。その技術がないと、コンサルタントはよい仕事ができません。

一方、コンサルタントには、多数を相手にしたコミュニケーションスキルも必要です。それがないと、コンサルタントは営業面で不利になります。自分で自分をプロモートする力も、コンサルタントに求められるコミュニケーション力です。

自分自身をプロモートするといっても、夜郎自大的な誇張は必要ありません。

自分の持っている情報やノウハウが何であるか、特長はどんなことか、どんな考え方でやっているのか、スキルと共にキャラクター（人格）を誠実に伝えることが肝心です。

▼情報過多は情報過少に如かず

セミナーや講演会では不特定多数の人が聞いています。職業も、所属も、バックグラウンドもバラバラです。

立場も、必ずしも同じではありません。

そういういろいろな人が相手のときには、ついあれもこれもと情報を大量に提供しようとしてしまいます。しかし、情報というのは、あれもこれもと詰め込みすぎると、聞いているほうは情報処理が追い付かず消化不良を起こします。

消化不良なら、まだ体内に取り込もうとしているだけましで、ほとんどの場合、情報過多で起こる症状は摂食障害、拒食症です。

すでに満腹の状態であるにもかかわらず、さらに食べろと言われても、もう食べ物は見るのも嫌ということになると思います。

情報の詰め込みすぎとは、そういう状態です。

▼多数の満足度は2：6：2の法則

したがって、多人数といえども話を広げすぎるのはよくありません。

大勢の人に何かを伝えようとするときには、心得ておくことがいくつかあります。そのうちのひとつが、本書でも先に出てきた2：6：2の法則です。

マスメディアでは、よく政権の支持率が70％を超えたとか、30％を切ったとか言っていますね。しかし、その支持率をつぶさに見ていくと、実際に積極的に支持しているコアな層はせいぜい全体の2割で、この2割の声の大きさやメディアに露出する頻度によって、中間の6割が同調圧力などの影響を受け、支持率が7割や8割ということになるようです。

反対に、否定的な2割の声が強くなると、やはり中間層に影響を及ぼし、不支持が4割、5割になるのだとか。つまり支持率も不支持率もコアの数字には変動がなく、そのときの勢いがどちらにあるかで、中間層が動いてマジョリティが決まるということになります。

したがって大勢の人を相手に何かを伝えるには、まずコアな支持層をがっちりつかむこと、支持層に訴え、支持層の支持力を最高まで引き上げることが最優先事項です。

すべてを追えばすべてを失う。屏風と話は、広げすぎると倒れると言います。

セミナー、講演で求められる技術

前述したとおり、セミナーや講演会はコンサルタントにとって営業の場、PRの場です。セミナー・講演会の満足度は、そのまま契約に直結します。コンサルタントを事業として成り立たせるためには大変重要なことです。ですから、最善を尽くさなければなりません。限られた時間内に最高のパフォーマンスを求められるのは、セミナー・講演会もコンサルティングも同じ。出し惜しみは許されません。

ところでセミナー・講演会は、先ほど述べた多数の満足度が課題となります。

2：6：2の法則は、セミナー・講演会にも当てはまりますので、聞いている人は話に共感し、納得する2割と納得しない2割、可もなく不可もない6割に分かれます。

問題は中間の6割をどうやって共感・納得の2割のほうへ持ってくるか。これがセミナー・講演で欲しいスキルです。スキルのひとつは、先ほども言った支持層の2割の共感度・納得度を高めることで6割によい影響を及ぼすこと。もうひとつが話術です。

集団を相手にした話では、話の内容以上に話術による影響が大きいもの。有名なメラビアンの法則で言われるように、人は話の内容よりも視覚や聴覚の刺激のほうを優先して覚えているものです。

話術とは、声の調子、大きさ、抑揚などを聞きやすく整えることですが、さらに身振り手振りの視覚効果にも配慮することが、セミナー・講演会で好結果を出すために必要ということになります。

▼面白かったセミナーは満足度が高い

志水浩さんは、セミナー・講演会、あるいは研修会で気を付けていることは何ですか。

「話は、涙あり、笑いあり、気付きありの事例で構成し、なるほど、そうすればよいのか、今日は面白い話が聞けたと思ってもらうことが必要です。そのためには話し方の技術も必要ですね」

志水浩：研修では、体感ワーク、講師と参加者の双方向コミュニケーション、受講生同士の対話を意識しています。多くの人が受講生同士のコミュニケーションの中に、面白さを感じているように思われます。研修では、さまざまなアプローチを行うことで、研修にある意味のエンターテイメント性を持たせることにつながります。それが面白さとなり、研修の満足につながっていると思います。

「私も面白さを大事にしてよいと思っています」

中谷さんは、面白さ追求派のようですね。お聞きしましょう。

「よそのセミナーでは眠たくなったりしたけど、今日の話は面白かったです、というフィードバックをいただくことがあります。このようなフィードバックがあったということは、参加者が身を乗り出してセミナーを聞いていたということです。面白かったというのは、満足度が高かったということの言い換えと見てよいのではないでしょうか」

中谷：参加者に身を乗り出して聞いてもらうためには、①「そんなこと知っているよ」と思われない内容の話をすること、②「テンポ」がよいこと、③「事例やノウハウの量と具体性（これをまずこうやって、次こうして、そうしたらこうなる的なこと）」を大事にしています。①に関しては、そのときの時流に合ったネタ（ニュースになったこと）を題材にするなど、関心の高そうな事例をいくつも挙げて、説明することを意識しています。セミナー参加者から「そんなに具体的に教えてもらうと、自分たちだけでできてしまいそうです」と言われるくらいでちょうどよいと思っています。

▼相手に合わせた話をする

セミナーで話すときには、相手に応じて話し方を調整するということがあります。先ほど文章の書き方で森谷さんが言っていたように、横文字のほうが通じる人と横文字に対して拒否反応を持っている人がいます。

参加者は中小企業の人が多いのか、大企業の管理者クラス以上が多いのかによって、単語選びが変わってきます。

志水浩さんは、話し方で何か意識していることがありますか。

「平易な言葉、構成、事例トークを心掛けています。また、ゆっくり話すこと、適切な間を取ること、そして１００人を対象にしていても、その瞬間は１人の方に話をすることを心掛けています。具体的には、３秒～５秒、１人の人に視線を合わせてその人１人にしゃべりかけるようにする。そういう意識が大切と思っています」

志水浩：ただし、セミナーは相手の立場や参加の意図もバラバラなので、話の内容を全員にくまなく合わせようとはしていません。話をわかってもらえる努力と工夫はしていますが、全員にぴったり合った話をすることは不可能と腹をくくっています。

セミナーはその後の受注が主目的なので、自分と価値観が合う人が共感・納得し採用すると考えて、最近では自分の価値観を前面に打ち出すように構成しています。


森谷さんは、どういう工夫で相手に合わせた話をしていますか。

「さまざまな「業種」「規模」「風土」「成熟度」における事例を出すことで、参加者に対応しようとしています。聞き手の属性がバラバラであることが多いので、『個別具体的なことはセミナー後に聞きに来ていただければ回答できる』とフォローを付け加えてもいます」

中谷さんはどうですか。

「参加される人の業種、会社規模、役職がわかっていれば、そこに合わせた話を準備しています」

飯塚さんはどんな工夫をしていますか。

「あらかじめ参加者の属性がわかれば、それに応じて、できるだけ参加者にとって身近なたとえ話を入れています」

コンサルタントのインタビュー力とヒアリング力

コンサルティングを進める上で、現場のインタビューやミーティング等で担当者の話を聞くことがあります。インタビューやヒアリングは現場の社員のみならず、テーマによっては経営陣、社長も対象です。

実際には社長に話を聞くことが、最も多いかもしれません。

私がインタビューのときに心がけているのは、「頭の中に絵をつくる」ことです。別の言い方をすれば、「仮説をもって臨む」ということになるでしょうか。

漠然といろいろな人の話を聞いても、話が散逸して、なかなかまとまった形の像が結べないものです。

そこで、あらかじめこちらの頭の中に想定図のパズルをつくり、異なる景色をチェックし、その背景を探り、空いたピースを埋めるのがインタビューだと考えています。

志水克行さんは、顧客のインタビューのときに気を付けていることは何ですか。

「インタビューで、相手に「吐き出すことの満足感」を覚えてもらうことも大事だと思っています。言いたいことを言うことによる満足感ですが、これが後でコンサルティングを進めるときに役に立ちます」

インタビューから得られる情報よりも、ときにはインタビューされる人の「吐き出す満足感」のほうが貴重ということですか。面白いですね。

「インタビューで得られる情報は貴重ですが、はじめのうちはみなさん口が重いものです。それでも一度「満足感」を味わうと、堰を切ったように話しはじめます。組織力は、みんなが自分の思いをぶつけ合う過程を経ないと上がりません」

根気のいる作業ですね。

「忍耐力のない人は、コンサルタントはできません」

▼インタビューはコンサルタントの差が出る作業

インタビューで何を聞くか、そこからどう核心をつかむか、そのために「頭の中に絵をつくる」ことが必要となります。インタビュー力は、コンサルタント力と言ってもよい、コンサルタントの力がはっきり出る作業です。

インタビューのときに大事なことは、相手のわずかな反応を見逃さないこと。

質問することよりも、相手の反応に神経を集中することが、インタビューの心得と言えるでしょう。

志水浩さんが、インタビューやヒアリングのときに、これが大事ということがありましたら教えてください。

「インタビューのスキルは、コンサルティングをスタートするときだけでなく、営業活動でも非常に重要です」

志水浩：営業の場面では、主に社長や経営陣にインタビューをして課題を顕在化し、課題解決の方法について提案をします。

その提案の良し悪しで契約は決まるわけですが、よい提案をするためには、課題の設定が正しくなければなりません。また、正しいだけでなく、そんなところに課題があったのかという顧客の驚きも必要です。

課題の発見は、ほぼインタビュー中でわかってきます。

インタビューの上手下手、核心への迫り方は面談相手にもわかりますから、インタビューの段階で契約の趨勢は決まってくると言えるでしょう。

お客様のコンサルタントへの期待値は、インタビューで決まるかもしれません。

ファシリテーターとしての力

コンサルティングのプロセスで現場の人の話を聞くことがあります。

現場の人の意見を引き出すことは、コンサルティングで成果を上げるために効果的となることが少なくありません。現場の人とのコミュニケーションは、コンサルタントの評価にも大きな影響を及ぼす要素です。

ミーティング等でのファシリテーター役も、コンサルタントのコミュニケーション力に欠かせないスキルと言えます。ファシリテーターとして、どんなことが大事になるのか。

この方面は志水克行さんが、一家言を持っていると思います。いかがですか。

「先ほどの繰り返しになりますが、コンサルタントが、ファシリテーターをやるときに必要なのは忍耐力です。相手が重い口を開くまで待つ。これが大事です」

どうやって待つのですか。

「じっと待つのもひとつですよ。人が沈黙に耐えられるのは、短い人で1分以内、長い人でもせいぜい3分程度。5分も黙っていられる人はいません。必ず耐え切れずに何かしゃべり出すものです」

コンサルタントは、状況によっては5分以上の沈黙に耐えられないといけないのですね。

「それが忍耐力です。コミュニケーションでは、沈黙の圧力がひとつの武器になることを知っておくとよいと思います」

志水克行：ただし、ただじっと待つといっても、よそ見などしてはいけません。

「あなたの話に関心がある、あなたの発言に期待している。だから、あなたの考えがまとまるまで待っています」という姿勢を崩さないこと。この姿勢が非言語コミュニケーションのメッセージとなります。

▼相手によって待ち方が変わる

ファシリテーターの役目として、相手が話しやすい環境を整えるということがあります。

この点についても、志水克行さんはどう考えていますか。

「待つといっても、待ち方は相手によって変わりますからいろいろです。じっと待つのも待ち方ですし、相手が話しやすいように、少しずつ氷を溶かすように、こちらから働きかける方法もあります。いずれにしても根気よく、粘り強く働きかけることが肝心です」

志水克行：話しやすい環境というのは人によって違う。私はエゴグラムの5つの性格分類をベースに、相手が話しやすい環境を整えています。

口を開かせたいという人の性格を把握し、性格に応じて働きかけるのです。

黙って待ったほうが適しているタイプの人には、黙って待つ。少し質疑応答したほうが氷の溶けるタイプを相手にするときは、小刻みに言葉をかけて発言を促します。

質問しながら口を開かせようとするときは、相手の答えやすい話題を選んで投げかけることがひとつのテクニックです。

一旦口を開くと、概して人は次々としゃべり出すものですよね。

「大事なことは、先ほども言った『吐き出すことの満足感』を覚えてもらうことです。本音のやり取りができるようになると、相手は『この人は自分のことをわかってくれるかもしれない』と感じるようになり、さらに進むと『この人は自分のことをわかってくれている』と思ってくれる。そこからは、お互い自然体でコミュニケーションできます」

そこまで行けば、ファシリテーターとしても一流ということですね。

コンサルタントにＩＴスキルはどこまで必要か

やがて５Ｇが一般化するであろうＩｏＴの時代、我々が暮らし、ビジネスを展開する社会はすべてがネットにつながることになります。こうした環境下では、ＩＴコンサルタント以外でも一定のＩＴスキルが求められることになります。

飯塚さんもそう考えていると思いますが、いかがですか。

「先ほどもありましたが、人事や経営戦略コンサルタントなどのように、ＩＴは専門外という人でも、コンサルタントである以上は一般のビジネスパーソンよりもＩＴスキルを持っているべきと思います。それも単にアプリケーションに詳しいというだけでなく、ハードウェア、ソフトウェアについても知識があったほうがよいでしょう」

飯塚：２０２０年から、小学校でプログラミングが必修科目になります。それだけ日本社会はコンピューターが身近になり、使えなければ社会人として不十分という時代になっています。

昔は「読み、書き、算盤」と言われていました。これからは、それらに加えて、プログラミングと英語が必須ではないでしょうか。

ですから、コンサルタントとしては、自分でプログラミングしたり、コンピューターを組み立てられるスキルまでは必要ないものの、プログラミングとは何で、どういう構造なのか、コンピューターやインターネットはどういう仕組みになっているのか程度は、一応押さえておくべきと思います。

こうした構造的な知識がないと、ＡＩがどこまでできるのか、５Ｇで何が起きるのかを論理的に理解することができません。

たとえば人事評価をＡＩがやるという話が、何年か前から出ていますね。

「そうですね。そこでコンピューターやインターネットの仕組み、プログラムの構造を知らないと、ＡＩは何でもできて上司や人事部は要らないというような話になります。しかしそれぞれのメカニズムを知っていると、ＡＩが発達しても、人間が判断を下さなければならない部分は残ることが推測できます」

コンピューターの知識があると、ＡＩのできる範囲がわかるということですね。

「これから企業内にもＡＩが導入されることは間違いありません。人事にＡＩが入ってくることは疑いないですから、人事コンサルタントはＩＴコンサルタントと一緒になって制度設計、運用システムをつくることになるかもしれません。そのとき、コンピューターのことはわかりませんでは仕事にならないと思います」

▼情報リテラシーはコンサルタントのコミュニケーション力

すでにＩｏＴが社会に浸透している現代、５Ｇが一般化したときには、我々は想像を超える情報量を得ることになると言われます。そういう時代は目の前です。

我々はＩＴスキルと並行して、膨大な情報の中から正しい情報とフェイクニュース、必要な情報と不要な情報を見分ける鑑定眼を持たなければなりません。情報に対するリテラシーも、コンサルタントにとって重要なコミュニケーション力となると思います。

スマートニュースなど、ＡＩを使ってあらかじめ情報をふるいにかけることはできるでしょうが、そうすると今度は情報が偏ります。

玉石混交の情報の中から、いち早く必要な情報を見分ける。こちらの知識と見識が問われるところです。知識は学習からですが、知識は断片的でなく体系的な知識であることが求められる。コンサルタントはますます読書が欠かせない時代になりそうです。

メールでわかるコンサルタントの仕事力

現代は、SNSやメールなしでは仕事の進まない時代です。SNSもメールも便利なコミュニケーションの道具です。一方で、その限界も知っておかないと、プロの経営コンサルタントとしては必要十分条件を満たすことができません。

メールがビジネスシーンで一般化するようになって約20年、メールの長所と短所がだんだんとはっきりしてきました。

メールでコミュニケーションするときには、メールの特徴を押さえた上で効果的に使うこと、それがプロの経営コンサルタントです。

メールの特徴としては、次の点があるように思います。

●メールは長文に向かない

恐らくこの事実は改めて確認しなくても、多くの人が意識せずに気を付けていることだと思います。普段のメールのやり取りでも、長文のメールを送ってくる人は稀です。

長文になる場合は、長文の部分だけメールとは切り離して別に添付ファイルで送る。これはいつの頃からそうなったかわかりませんが、いまはメールの基本的な習慣になっていると思います。

●メールは表情が見えない、声の調子がわからない

当たり前のことですが、文章のコミュニケーションであるメールでは、非言語コミュニケーションが不可能となります。ところがメールは身近な連絡手段なので、意外にデリケートなことでもメールで伝えようとしがちです。

メールは万能ではないので、コミュニケーションの手段として別の方法が適切な場合もあることを心得ておくべきと思います。

そのほか長所として、手軽である、同時に複数の人に配信することができる、コスト面で経済的であるなど、いくつも挙げられます。

▼少しの気づかいでメールの質は上がる

長所というのは往々にして、その隣に短所があります。ＳＮＳは手軽ですが、その分スルーされることも少なくありません。同時に複数の人に送ることも、ときにはマイナスになる場面もあります。

ＳＮＳやメールの短所をわきまえて、そこをカバーすることもデジタルコミュニケーションのスキルです。小さな気配りで、コミュニケーションの質を上げることができます。

●件名は正確に内容を反映すること

メールで件名に注意している人は少ないと思います。話題が変わっても。件名は同じままというメールはよく見かけます。そういう軽い扱いをされている件名ではありますが、件名が正確に文面を反映したものになっていると、しっかりしたメールに見えます。

●文面は短く、用件は明確に

文面の基本は簡潔、明快、ていねいの３つ。用件や結論は、なるべく最初に持ってくるようにすると、誤解が少なく意図が伝わりやすくなります。

●CC、BCCを使いすぎない

同時に複数の人に配信できるのはメールのよさですが、相手によって文面を工夫することでコミュニケーションの質は上がるもの。ひと手間をかけることで、コミュニケーションの質が上がるなら手間はかけるべきです。

●絵文字や感嘆符、疑問符の多用を控える

ビジネスのメールである以上、文面の「遊び」は最低限が基本です。このほかレスポンスが遅れないことも、メールコミュニケーションの大事なマナーと言えます。

プレゼンテーションでやってはいけないこと

コンサルティングプランの提案、課題解決の段取りなど、コンサルタントのプレゼンテーションはコンサルタント契約が決まるか否かの重要な営業。いわば真剣勝負の場と言ってよいでしょう。

コンサルタントが事業として成り立つためには、プレゼンテーションに成功することが条件ですから、多くのコンサルタントがそこに全力を傾けます。

このプレゼンテーションでやってはいけないことがあります。

最もやってはいけないことは、準備不足でプレゼンテーションの場に臨むこと。自分は本番に強いから、出たとこ勝負で行くというのは許されません。

ある欧米のプロスポーツでは、選手のロッカールームに「準備なき者は去れ」と書かれているそうです。

プレゼンテーションの現場でも、当日そこで何が起こるかわかりません。

想定外のことが起きたときに、力になるのが入念な準備です。念には念を入れた準備を整えることが必須の条件であり、準備不足でプレゼンテーションに臨むのは、プロとして罰金ものと言えます。

▼自信過剰も、慎重になりすぎるのもNG

プレゼンテーションも一種のコミュニケーションです。コミュニケーションとしては緊張感のある場面ですが、コミュニケーションである以上、全力でこちらの言いたいことを、言語と非言語的コミュニケーションを駆使して伝えなければなりません。

プレゼンテーションのときに、緊張して慎重な言い回しばかりをする、あるいは契約のことが気になり、相手に遠慮した物言いばかりをしていると、相手からは自信がないように見えてしまいます。

一方、自信過剰の提案押し付け型もよくありません。

どんな会社にも歴史があります。課題解決とは、過去のやり方を改めることです。過去のやり方とは、自社の歴史から生まれたもの。いかに課題解決のためとはいえ、自分たちの歴史を頭ごなしに全否定されて快いと思う人はいません。

場合によっては、全否定もやむなしというケースもありますが、基本は遠慮しすぎも自信過剰もよくない。慎重かつ大胆に、両者のバランスをとって、伝えるべきことを正確に伝えるのが、プロのコンサルタントのスキルです。

コミュニケーションである以上は相手のあること。相手のことを考えずに、一方的に自画自賛の態度で提案を押し付けてはコミュニケーターとして失格。遠慮しすぎて言うべきことを言えないのはプレゼンテーターとして失格です。

▼想定外の事態にうろたえない

真剣勝負のプレゼンテーションの場面では、シナリオ通りに話が進むことはめったにありません。何かしら予定外のことが起こるものです。想定外の質問や意見が飛び出す、予定時間が変更になる程度のことは、よくあることと言えます。

こういうときに、パニックになって慌ててはプロとは言えません。想定外の事態になったときにこそ、コンサルタントの力量が問われます。

用意したシナリオが崩れたときに、頼りになるのが入念な準備作業です。

想定外の質問や意見が飛び出しても、入念な準備作業の過程を振り返ってみると、そこから質問や意見に近い答えが見つかります。

緊急事態に対応するためにも、入念な準備が必要なのです。

場数を踏んだベテランコンサルタントであれば、こうした突発事態でも過去の蓄積があるため、落ち着いて乗り切ることができますが、キャリアの浅いうちはとことん準備に念を入れる。それが対応策です。

▼人によって態度を変えない

プレゼンテーションのときに相手の社長と社員で、こちらの態度を変えないこと。これも大事なことです。

質問や意見を受けるときに、相手の担当部署やポジションによって差を付けないこと。だれの質問や意見に対しても、同じ態度で可能な限りていねいに応えること。これが基本中の基本です。

社長の発言を優先し、社員の発言を軽んじるような態度をとると、コンサルタントとしては自ら墓穴を掘るに等しい行為となりかねません。

また、質問や意見に答えるときに、定説、一般論ばかりでなく、自分自身の考えを明確に出す、経験から答えることなども大事なプレゼンテーションのスキルです。

あるベテランコンサルタントの1週間

月曜日

今日は朝礼終了後、午前中いっぱい部門メンバーとクライアント先のコンサルティングについての打ち合わせ。昼食は、メンバーと一緒に、近くのカフェへ。

午後は業務準備や新商品開発。16時から「経営支援部勉強会」でノウハウや事例の共有を図る。19時に退社。

火曜日

本日は一日中業務。午前は、京都でクライアントの販売店所長を集めて、販売力強化に向けてのレクチャー（講義）を実施。

午後は大阪へ移動。商社の「部門長会議」に参加し、ＰＤＣＡマネジメントの支援。

18時に終わり、そのまま直帰。

大阪・中ノ島の夕暮れの風景に癒される。

水曜日

新幹線で東京へ。海外展開を果たした飲食系企業へ向かう。

9時からプロジェクト責任者を集め、課題解決に向けてのアドバイスとプロジェクトの進捗管理。午後からは、各店舗の副店長・リーダーを集め研修（人材力に優れている飲食企業ということでテレビ取材が入る）。

夕食は、社長からのお誘いで割烹料理へ。21時の新幹線で大阪に戻る。

木曜日

朝8時の飛行機で新潟のクライアント先へ。

同社が飲食事業部の成長発展に向けて、制度構築を含め環境整備を図っているため、その支援業務。

17時に業務を終え、新潟駅で名物へぎそばと日本酒で早めの夕食。

明日は東京で経営相談依頼が入っているため、今日はこれから東京に新幹線で移動、ホテルに宿泊。

金曜日

午前中は、経営相談のお問い合わせがあった都内の企業と面談。今後の成長発展に向けての課題を整理させていただき、次回、企画提案することに。お昼からは、都内でセミナー講師を務め、17時の新幹線で京都に戻る。新幹線の中では熟睡。

土曜日

会社は休み。ですが、午前中だけ社内で来週の資料準備や上司と商品開発等の相談。お昼早々に自宅に帰り、子供たちと遊ぶ。

日曜日

朝8時から、息子と一緒に地元ラグビースクールへ（実はラグビースクールのコーチもやっています）。息子とともに目標に向けて一緒の時間を過ごせる貴重な時間。午後は妻と娘とも一緒に買い物や夕食に出かける（また明日からの1週間に向けて力を蓄えます）。

第5章

そもそも経営コンサルタントに向く人、向かない人

独立開業して成功する人としない人の違い

石の上にも3年という言葉がありますが、コンサルタントの独立開業でも、スタートしてから3年を経過したときにひとつの山を迎えます。

これは私の経験ではありませんが、周辺のコンサルタントを見ていてわかったことです。

コンサルタントの独立開業では、定年後、前職の取引先の業務改善や社長の相談相手として、非常勤顧問的な位置づけでコンサルタントをはじめる人がいます。

こうした定年開業型のコンサルタントでは、前職の地位が高ければ高いほど、開業後の顧客獲得に有利という傾向があります。過去には、一度に10社近くのコンサルタント引き受けて、多忙を極め身体を壊した人もいました。

前職の取引先から請われて、定年後にコンサルタント業をはじめた人は、開業の「ご祝儀」もあって仕事も入ってきますから、滑り出しは一見好調と言えます。

しかし、前職の影響力は年々減少します。これは避けがたい事実です。

1年目は旧知の取引先が相手とはいえ、コンサルタントは初めての仕事で何をしたらよいかわからず、顧客の会社を訪問するたび何を要求されるかと、緊張の連続で内心穏やかではありません。

やがて仕事は社長の相談相手的なもので、とくに成果を求められることもないとわかり、その頃には社員とも顔なじみになり、訪問するたび「先生、先生」と歓迎されますから、気持ちにも余裕が出てきます。

これが2年目から3年目のことでしょうか。

やがて3年が過ぎようとする頃になると、そろそろ落ち着いて、次のステップに取りかかろうかと思いを巡らしはじめます。

そういうタイミングで、ある日顧問先から「ご指導のおかげで、我が社も3年前に比べるとずいぶんよくなりました。本当に、いままでありがとうございました」と感謝の言葉と共に、事実上の訣別宣言を受けることになります。

とくに調査したわけではありませんが、いろいろ見聞きしたところでは、顧問型のコンサルタントの「平均寿命」は3年前後が多いようです。

▼船出の晴天に油断しない

コンサルタント開業が成功したのか否かは、3年くらい経過してみないと正しい評価はできないということです。

3年経ったら、感謝の言葉と共に契約解除という「悲劇」を経験したコンサルタントは定年開業型に限らず多いと思います。

あらかじめ業界のことを知っていれば、滑り出しの好調は、必ずしも長続きを担保しないということを前提に計画を立てられますが、定年後であれ、転職であれ、いきなり独立開業した人は、3年で契約が終わると思っていませんのでその後が大変です。

あるコンサルタントは、定年後に6社の顧問を引き受け、現役時代を上回る収入で最初の2年は優雅にやっていました。

ですが、3年後にすべての顧問先を失い収入ゼロ。そこから新規開拓の営業をはじめたものの、数年は鳴かず飛ばずで苦労したそうです。

彼に限らずスタート直後が順調だと、これがいつまでも続くわけではないとわかっていても、なかなか将来に備えることはできないようです。

コンサルタントに向いていないタイプの代表的人物像

コンサルタントとして独立開業して成功する人とは、前述した「魔の3年後」を油断せずに乗り切れる人ということです。多くの人が、コンサルタントとして独立開業しながら、3年後に見通しがつかず撤退しています。

では、そもそもコンサルタントという職業に向き不向きがあるでしょうか。

結論を言えば、あります。コンサルタントという職業は、見識を売ることが仕事です。したがって、常に自分自身の見識を高めることが求められます。

四書五経のひとつ『大学』に「日に新た。日に日に新た」という一節がありますが、コンサルタントにとって自己研鑽を怠ることは自殺行為に等しい。

勉強は学校でおしまいと、社会に出て勉強しない人はコンサルタントに向いていません。ひとつの知識に縛られ、反対意見を聞かない、人の異見や異論に耳を傾けない頑ななタイプもコンサルタントには向いていないと思います。

何事も受け身で、他人の敷いたレールの上を走るだけというタイプも、中小企業相手のコンサルタントには不向きです。

▼やらされ感のない仕事

私はコンサルタントの仕事は「無定量、無際限」と考えています。

無定量、無際限とは城山三郎氏の小説『官僚たちの夏』の主人公の仕事観です。現代ではたちまちブラック扱いされそうな仕事観ですが、経営コンサルタントとはこういうものだと思っています。

労働時間や有給休暇の日数を気にする人は、コンサルタントという仕事、少なくとも中小企業のコンサルタントという仕事は選ぶべきではありません。

無定量、無際限で働くためには、自ら主体的に仕事に取り組むことが必要です。やらされ感のある仕事の仕方では、無定量、無際限で働くことは到底できません。

つらい仕事も、自分の意思とアイデアでやることができれば、苦労も楽しいとホンダの創業者である本田宗一郎氏が言っていました。コンサルタントの仕事はそういうものです。

もちろん肉体的な休息は必要です。しかし、仕事を離れて休日を過ごしていてもコンサルタントであることを休むことはありません。

アメリカの作家トマス・ウルフとその担当編集者を描いた「ベストセラー　編集者パーキンズに捧ぐ（原題 Genius）」という映画があります。この作品では、編集者パーキンズは寝るときも帽子を取りません。

帽子をかぶっている彼は編集者であり、家でくつろいでいるときも、彼は編集者であることをやめません。

天才的な編集者であるパーキンズの勘と腕を支えているのは、そういう無定量、無際限な仕事に対する姿勢にある。そして恐らく彼は、そういう生活を楽しんでいたはずです。

コンサルタントという仕事も、パーキンズにとっての編集という仕事と同じ。それがコンサルタントという職業と言えます。３年後も続く人はこういう人です。

オンとオフを完全に分けたいと考えるならば、コンサルタントという職業を選ぶのはやめて、別の仕事を探すべきです。

コンサルタントに使命感は不可欠か

そんな無定量、無際限の仕事であるコンサルタントをやっている人というのは、正直なところ、我ながらやはり少し変わっている人だろうと思っています。そういう意味では、コンサルタントは少し変人くらいのほうが向いているのかもしれません。

しかし、変人と言っても人間です。

24時間365日コンサルタントを続けるには、この仕事が好きであるという以外に、もうひとつ心の支えが欲しいと思います。それは何でしょうか。

中谷さんは、何だと考えていますか。

「それは、やはり前の章でも触れましたが、使命感や大義ですね。なんで休みの日に、こんな夜中までやらなければいけないんだ！と思うとき、挫けそうな気持を支えるのが使命感です。自分は何のためにこの仕事をしているのか、ということを思い出します」

では、使命感とは具体的にどんなものでしょうか。森谷さんの使命感はどんなもので、どこから湧いてきますか。

「使命感がどんなものか、といっても言葉にはならないですね。私の場合、壁に突き当たったとき、もうこれくらいでいいんじゃないかと思ったときには、自分は何のためにこの仕事をしているのかと自問自答しています」

▼コンサルタントである限り、問い続けること

それは、いわば自分自身の仕事に対する使命感とは何かを常に問い続けているということでしょうか。

「そうですね。私の使命感は、生い立ちや半生によって形作られていると思っています。ですから、コンサルタントの使命感といっても、こういうものと簡単には言えないのです」

たしかに、自分がやらねば誰がやるというような強烈な使命感を前面に出している人は少ないですね。また、こうした大げさな使命感を持って仕事に臨むと、往々にして力みすぎてあまりよい結果が出ないことが多いものです。

使命感がないとコンサルタントという職業は続きません。

それは間違いないものの、使命感がありすぎても、顧客との関係を築くときに障害になることがあります。

多くの場合で、顧客は「うちはまだそこまで考えていません。とりあえず現在の課題が解決できればそれでいいんです」というのが本音で、大層な使命感までは求めていないからです。

▼はじめのうちは使命感はなくてよい

「コンサルタントになったばかりの新人に使命感はなくてもよいですよ」

おや、志水克行さんはまた別の意見をお持ちのようです。お聞きしましょう。

志水克行：いや、意見は同じようなものです。新人だから使命感が必要ないということではありません。しかし、経験の浅いうちに使命感のようなもので価値観を固めると、やがてその価値観では理解できない、解決できないことにぶつかります。仕事も人生も教科書どおりではありませんから。

ひとつの使命感、ひとつの価値観で世の中を決めつけるのではなく、新人のときは肩の力を抜いて、まあまあこんなこともあるのかな、というくらいで臨むほうがよいと思います。そうでないと、すぐに息切れしてしまいます。

たしかに使命感に燃えるあまり、一方的に理想を押し付けても相手は動いてくれませんね。意気盛んな若いうちは、ありがちな失敗です。

志水浩さんはどう思いますか。

「使命感は若いうちからあるものではない。時間と経験と共に幾重にも重なり培われていくもの。それが本物の使命感だと思います」

生半可な使命感は、かえって仇になるということですね。

最初から確固たる「使命感」「天職感」を抱くことのできる人は稀。多くは「使命感のようなもの」であることのほうが多い。

最初は、カッコいいから、給与が高そうだから、といった動機であっても、コンサルタントとしての経験を積んでいくうちに、この仕事の難しさや喜び、顧客からの感謝の言葉などを通じて醸成される使命感や天職感のほうが本物と言えるでしょう。

逆に、何年やっていてもそのような感覚を得られないとすれば、コンサルタントを一生の仕事とするのは難しいことになります。

▼最後の砦も使命感

「もう少し付け加えさせてください」

志水克行さん、どうぞ。

「若いうちは使命感がなくてもよいと言いましたが、使命感がないと乗り越えられないことがあります」

志水克行：コンサルタントの仕事では顧客に対して、苦言・諫言をしなければならないこともあります。顧客というのはお客様ですから、そのお客様に向かって耳の痛いことを言うには、こちらも相当腹をくくらねばなりません。

このとき、コンサルタントを支えるのが使命感です。使命感を背景に、覚悟を持って社長に苦言・諫言をすれば、たいていの社長はこちらの言うことに耳を傾けてくれます。

コンサルタントと研修インストラクターの違いは何か

コンサルタントの仕事は、コンサルティングばかりではありません。ときに研修や講演会の講師もコンサルタントの仕事としてやることがあります。

一方、講演会や研修の講師は、講演家、研修インストラクターやトレーナーという職業の人もやっています。

コンサルタントと講演家、研修インストラクター・トレーナーは異なる仕事だと思っていますが、現実には両者が同じことをやっているケースがよくあります。

両者の違いとは何でしょうか。あるいは、違いはないのでしょうか。

私は、コンサルタントは脚本、演出、振り付けといった舞台の裏方が仕事の本質だと考えています。

それに対して、講演家、研修インストラクターやトレーナーといった人は、一種のタレントとして活躍する人ではないかというのが私の見立てです。

志水克行さんはどう考えていますか。

「コンサルタントは企業に入り、企業を知って、その課題解決のためのソリューションを提供するというのが仕事。一方、研修インストラクター、トレーナーという人たちは知識・ノウハウを提供するのが仕事かと考えています。研修インストラクター・トレーナーのほうが自己完結できる仕事ですよね」

▼研修は課題発見のツール

「私は研修とコンサルティングは別々のものではないと思っています」

なるほど。では志水浩さんの意見を聞きましょう。


志水浩：たとえば私はやりませんが、マナー研修。そういう一見単純な基本動作の研修であっても、研修を行っていると、そこにその企業の組織的な問題や風土の問題が浮き彫りになることがあります。

組織的な問題や風土の問題は、必ず企業の力に影響しますから、研修で見えた問題がイコールコンサルティングの課題になることは珍しくありません。

むしろ研修で発見した問題を企業にフィードバックすることで、社内では気づいていない組織的な課題を先方も気づき、コンサルティングにつながるものです。

管理者の意識改革の研修を頼まれて、やってみたら管理者の意識を下げる要因が、会社の風土や構造的な問題にあったということはときどきありますね。

管理者の問題というよりも、組織にメスを入れなければいけないという体験はみなさんにも何度かあるのではないですか。

「何度かではなくて、何度もあります」

▼誠心誠意とは「自分のことは棚に上げてでも言うべきは言う」

実は、私は研修講師が苦手です。研修講師は、自分ができてないことを、あたかもできているかのような顔をして、受講者にしゃべらなければいけませんよね。

それが苦痛です。頭ではわかっていても、常にその通りに行動している人はめったにいませんから、研修講師をやっている人はどう思っているのかと、いつも気になっています。

志水浩さんは悩みませんか。

「自分でできなくても、言うのが研修講師の役目です」

志水浩：ある方に「誠心誠意とは、自分は不完全であっても、相手のことを考え、言うべきことは言うことである」と教えていただきました。

自分ができていないからと、研修で言うべきことを言えない、あるいは言っても控えめにするのは一種の責任放棄です。

とはいえ、私も自分の言っていることと、自分のやっていることが違うのは苦痛ですから、少しでも自分の行動を研修で言っていることに近づけるようには努めています。

とても言行一致というところまでは達しませんが、努力を続けることで、その努力が研修の受講者には伝わると思います。

できていなくても、やろうと努力している人の言葉には説得力が生まれるのですね。

コンサルタントの仕事に男女で違いはあるか

コンサルタントの業界は、まだまだ女性の進出が遅れている業界です。研修のインストラクターやトレーナーでは女性の講師が多数活躍しています。男女比では半々か、ひょっとすると女性のほうが多いかもしれません。

しかし、経営コンサルタントとなると圧倒的に男性のほうが多い。ほぼ男性の職場と言ってよいくらいで、女性の経営コンサルタントに出合うことはめったにありません。

女性がコンサルタントという職業を好まないのか、あるいはコンサルタントという職業が女性向きではないのか。

飯塚さんはどう考えていますか。

「コンサルタントにとって基本は、お客様との相性、信頼関係を築くことですから、男女の性別はあまり関係がないように思います。むしろ、業種・業態、テーマによっては女性コンサルタントのほうがよいときもあります」

▼風穴を開けることが大事

企業経営に男女差はありませんから、コンサルタントとして適切な指導・提言ができれば女性のコンサルタントでも十分に活躍できるはずということですね。

私もそう思っています。結果を出すのは、コンサルタントの性別ではなく腕によってですから。

とはいえ現実には、企業の経営陣や管理者層は男性のほうが多い。そういうところに女性コンサルタントが入っていけるかとなると、それはなかなか大変なことと思います。

しかし、女性経営者もわずかずつではありますが増えてきています。

まだまだ環境が整っているとは言えないものの、女性の経営コンサルタントも増えていってほしいものです。

男性に伍して、いや男性以上に活躍する女性コンサルタントが出てくるには、ただ待つだけでなく、何事も「隗より始めよ」ですから、まず我々の会社が男社会のコンサルタント業界に風穴を開けなければなりませんね。

とはいえ、どんな理由であっても、結果として、業績改善・向上につながらないようでは、顧客の視線が「こんなにお金を払っているのに、……」と言っているように見えます。

契約が途中で切れるも、クレームを受けるも、その担当コンサルタント。そういったことに遭遇したり、そのプレッシャーに耐えられなくて、コンサルタントという仕事を辞める人は少なくないと思います。

飯塚さんが在籍していた大手の総研ではどうでしたか。

「総研系のコンサルティング会社では、コンサルタントから研究者や大学教授に転身する人もいました」

飯塚さんのように、総研系から中小企業のコンサルタントをやる人はいましたか。

「いると思いますが、先ほども言ったとおり私の経験では、大企業を相手とする大手コンサルティング会社や総研でコンサルティングをやっていた人は、チームを組んで仕事をしますので、中小企業のコンサルティングのように何でも自分でやらなければいけない仕事の進め方は勝手が違います」

それで、大手から中小企業のコンサルティングをやっている会社に移っても、やはり途中で転職してしまうわけですね。飯塚さんが適応できたのはなぜですか。

「私は分業よりも、1人で一気通貫の仕事をするほうが合ってましたから」

外資系、総研系、独立系の違いは?

外資系コンサルティング会社には大手向け、独立系のコンサルティング会社には中小企業向けが多く、総研系は大手から中小企業まで幅広く対応する。

大企業向けは通常、数名から数十名単位でチームを組み、一定期間は特定企業1社のプロジェクトに従事する。

中小企業向けは通常、1人のコンサルタントが数社から数十社の顧客企業を同時並行で担当し、支援を行う。中小企業向けのよさは、経営者もしくは経営層に近いところで仕事ができ、自らのコンサルティング成果が見えやすい点が挙げられる。

また大企業向けは、自社のパートナー(経営層)やマネージャークラスが営業活動を行うことが多い。総研系は、銀行など母体企業ルートからの受注が中心。

中小企業向けは、コンサルタントとは別に営業部隊のある会社と、コンサルタント自らが営業活動を行う会社に分かれる。将来的に独立したいのであれば、営業力は必須なので、コンサルタントが営業段階から携わることができる組織が望ましい。

コンサルタントに向いている人とはどういう人か

ここまで話を聞いていますと、コンサルタントに向いている人とは、心身ともにタフであること、教科書のない世界を楽しむことができること、好奇心が強く、勘または地頭のよい人ということになりますね。

志水克行さんはそれでよいですか。

「コンサルタントはいろいろな人を相手しますから、相手に好かれる能力も必要です。相手に好かれる能力といっても、なかなか説明しづらいですが、基本的には人が好きということを心の真ん中に持っている人ということでしょうか」

森谷さんはどうですか。

「コンサルタントの仕事は基本的にＢｔｏＢですが、ＢｔｏＣのコンサルティングでなくても、ＢｔｏＣの感覚を持っていることは大事です。顧客のもうひとつ先のお客まで見通す力とでも言いましょうか。向き不向きというより、ひとつ先を見る感覚がないとコンサルタントとしてよい仕事ができないと思います」

一段高いところから俯瞰する感覚ですね。

私は、経営者と一般社員の違いもそこにあると思います。我々コンサルタントは経営者の立場で物事を見て考えなければなりませんから、その感覚がないとコンサルタントには向いていないということになりますね。

▼一見バラバラなものを組み合わせる力

中小企業診断士や経営士などの資格を持っていることが、イコールコンサルタントに向いているということにはなりませんか。

志水浩さんはどう考えていますか。

「企業経営に関する資格を取ったから、経営コンサルタントに向いていると考えるのは間違いですね。資格だけではできない仕事です」

ではコンサルタントにとって、資格よりも大事な要素とは何でしょうか。

志水浩：資格を取ったという事実は、それだけ頑張れる人というエビデンスにはなりますが、仕事の質を保証するものではありません。資格よりも大事なのは、森谷さんがおっしゃったとおり、ひとつの問題をピンポイントで捉えるのではなく、全体を俯瞰して問題を生じさせている構造的な背景をつかむ能力のほうです。

問題の周辺にバラバラに点在している影響要素の因果関係を整理し、解決に導くストーリーを設計する力がないと、問題がわかったとしても、それを解決することができません。

森谷さん、何か補足がありますか。

「コンサルティングでは、白か黒の答えのある世界から抜け出して、答えのない世界、グレーな世界を受け入れないといけません。グレーな世界を受け入れられる人は、コンサルタントに向いていると思います」

たしかにそうですが、こういう感覚は体験からしか身に付けることはできませんから、何度か失敗しながら身に付けるということになりますね。

「ですから、その失敗に耐えるメンタルの強さを持っていることも、コンサルタントという仕事には大切だと思います」

コンサルタントにとって専門知識より大事なものはあるか

コンサルタントにとって学歴や資格は、なければならないというほど必須な要件ではありません。とはいえ専門スキルを売るのがコンサルタントの商売ですから、専門知識は必要です。では、専門知識があればよいのか。コンサルタントにとって、専門知識よりも大事なものがあるでしょうか。

志水浩さんはどうですか。

「専門知識はあって当たり前。プロの経営コンサルタントになるには、さらに、専門知識からだけでは得られない力が必要と思っています」

志水浩：専門知識からでは得られない力とは、ひとつはお客様の心を見る力です。寄り添う力と言ってもよいのですが、お客様が本当に考えていることを伺い知る能力のことです。

クライアントは、必ずしも本当のことを表面に出さないことがあります。

まだコンサルタントと十分な信頼関係が築けていないうちは特にそうです。しかしその段階でも、お客様の心の奥にあるものを知る努力をすること。

その努力をしていないと適切なアドバイスが行えません。

▼お客様の背後にある事情を知る

お客様を知ることで、適切な提案が行えるということですね。

たしかにお客様を知ることは、いくら専門知識があってもできませんしね。

「的確なアドバイスは、専門知識以外にも、経営全般について広い知識を持っていないと出せませんから、専門知識だけの人というのは、経営コンサルタントとしては十分ではないということになります」

たしかに志水浩さんがこう言うように、この社長にはどんな事情があって、コンサルタントにこの仕事を頼もうとしているのか。その背景にある事情を察することができるか、できないかで、コンサルタントの仕事に対する顧客の満足度は大きく違ってくると思います。

一口に「会社をよくしたい！」ということでも、背景にある事情によっては、何をよくすべきなのか違ってきますし、どう「よくしたい」のかも異なります。

そこを知ることが、コンサルタントにとっての生命線ということでしょうか。

「そこで必要なのがお客様に寄り添うということ。とはいえ、会ったばかりのコンサルタントがいくら寄り添いますと言っても、すぐに信用され信頼されるわけがありません」

志水浩：そこで問われるのが我々の行動です。人が人を信用するのは言葉よりも行動ですから、実際の行動が信用するに足るものか。顧客はそこを見ています。

行動で大事なのが、顧客の会社のトップに対する態度よりも、社員に対する態度です。クライアントの会社の社長の顔色しか見ていないコンサルタントは、結局その会社の社員から信用されません。社員に信用されていないコンサルタントは、結果として社長の信用も失ってしまいます。

コンサルタントは、相手が昨日入社したばかりの新入社員に対しても、社長と同じような態度で接すること。相手を尊重し、相手の話に真剣に耳を傾ける。相手によって態度を変えることは行うべきではありません。

お客様との関係を構築する力を磨くには

お客様とよい関係を築くには、コンサルタントが信頼されなければなりません。お客様から信頼されるには、たしかな専門知識やスキルがなければならない。しかし、その前に相手から頼られるには、相手の信用を得ていなければなりません。

信用されることでクライアントからの協力を得、協力を得ることで良好な結果が出る。良好な結果が出ることで、信頼を勝ち取ることができる。

つまり、専門知識やスキルを十分に活かすには、早い段階でお客様から信用されることが肝心だということですね。それでよいですか。

「そうですね。顧客はコンサルタントの一挙手一投足を実に細かく見ていますから、少しでもいい加減な態度を示すと見抜かれます。納期遅れが許されないというのも、お客様の信頼を勝ち取るために必要なことだからです」

コンサルタントにとっては、文字どおり信頼は命ですからね。

▼共感力を武器に信頼を勝ち取る

コンサルタントの基本動作や、納期をはじめとした約束を守ることが、お客様との信頼関係を築くために欠かせないということはわかりました。

これらは、いわばやってはいけないことのリスト、破れば致命傷になりかねない、いわば絶対にやってはいけないネガティブリストですね。

逆に、これをやれば顧客との関係がよくなるという、ポジティブリストはないですか。

志水克行さん、何かありませんか。

「コンサルタントには顧客の期待感、信頼感、安心感が必要と思っています。期待感は、お客様が未来へ挑戦しようとする意欲を刺激します。信頼感は顧客の協力や助力の源です。安心感は、コミュニケーションの量と質に比例します」

志水克行：そのうち、顧客の信頼感を得るために効果的なのが、プロセスに注目して共感すること。結果だけでなく社員1人ひとりが何をやったのか、結果の背景にあるプロセスに目を向け、その努力に共感することがコンサルタントに必要な行動だと思います。

プロセスを理解しようとする行動は、社員から見れば「わかってくれている」ということになりますから、そこに共感が生まれ、信頼へとつながります。

▼ちょっとしたマナーで人を見られることもある

共感する力が必要ということはわかっているのですが、共感力の弱いコンサルタントもいますね。わかっていてもできない人というのは、もっとプロセスに関心を向けるようにしたほうがよいと思います。

森谷さんは、普段から気を付けていることがありますか。

「再度ネガティブリストの話になりますが、マナーや気配りでも人柄を見られるということがあります。高級な応接セットの上に直接メモを置いてペンを走らせる、最寄駅まで送ってもらうときに素手で車のウィンドウガラスに触れるなど、小さなことでも気配りができないと。やはりマイナスの評価を受けますね」

ささやかなマナーやエチケットも軽んじてはいけないということですね。

小さなマナーやエチケットを軽んじる人は、結局、周囲の視線や雰囲気を感じ取れない人だと思います。そういう人は、往々にして先ほど志水浩さんが言っていた社長にばかりおもねって、社員のことを軽んじたりするものです。

そういう態度をとることが、周囲を失望させることに気づかないのかもしれません。周囲の気持ちに鈍感、空気を読む力がないというのは、経営コンサルタントとしてはプロになれない人ということになります。

専門知識やスキルよりも重要なのが、この周囲の気持ちを感じ取る、空気を読む力です。

▼社長に意見しても煙たがられない技術

我々コンサルタントの仕事は、ときに社長に苦言や諫言をしなければなりません。それが仕事とはいえ、そこで関係を壊しては何にもなりません。志水克行さんは、苦言・諫言をするには使命感が必要と言っていましたが、使命感だけで苦言・諫言をすると社長との関係を悪くしませんか。

「社長に媚びることなく意見を言うためには、使命感がないとできません。使命感が原点です。その上で上手に意見を伝えるには、少しテクニックが必要になります。まず苦言・諫言といっても何でも言ってよいということではありませんから、どこまで言うべきか、その瀬踏みをすることが大事です」

志水克行：その際に大事なことは、これだけは言わなければならないということは、たとえ社長が気を悪くしようと言い切ることです。決して社長に媚びて、中途半端な発言などしてはならない。そんな意見は決して相手に通じません。

次に言葉を選ぶこと。人には禁句というものがあります。同じことを言うにも、別の言葉でアプローチすることで相手の受け止め方が違ってきます。

言葉を選んで言っても、使命感と覚悟を持って伝えれば、相手は何を言っているかわかりますから、お客様とすれば「そこまで言ってくれるか」と思いますね。

それが凶と出るか吉と出るか、そこがコンサルタントの力の試されるところでしょうか。

「言葉を選んでいることで、顧客に気をつかっていることは伝わります。土足で相手の心の中に踏み込んできたという印象は避けることができます」

コンサルタントのあきらめない心が顧客を動かす

いくらコンサルタントが言っても、お客様の会社の社員さんが動いてくれないことには結果が出ません。現場で仕事をしているのは社員ですから、社員を動かすことは社長を動かすことよりも、ある意味で重要と思います。

なかなか動いてくれない相手を、それでも粘って、粘って前に進むように働きかける。そうやって前に進んで結果を出すと、顧客企業からは感謝されます。あきらめないことでお客様との信頼関係を築くということもあるのではないでしょうか。

中谷さんにも、そういう経験があるでしょう。

「我々の仕事のひとつに、顧客企業によい習慣を植え付けること、があると思います」

中谷：顧客も変わりたいと願って、我々を頼ってくれるわけです。コンサルタントが入っても、結局何も変わらないということでは、絶対にダメなわけです。たとえば、計画の進捗確認としてのＰＤＣＡのチェックでは、絶対にあきらめてはいけないと思っています。

こういう毎日、毎日怠らずにやらなければいけないことは、コンサルタントがあきらめずに言い続ける、やり続けることでしか社員を動かすことはできません。

顧客の社員があきらめても、私はあきらめない、粘ります。なんとかやり方を修正するなどして、実行していただこうとします。

その姿が結局、社員さんを動かすことにつながるとも思います。

あきらめないことが勝負を分けるということですね。

▼中小企業には機が熟すタイミングがある

いくら言ってもやらなかったことが、ある日突然できるようになるということがありますよね。企業でもそうだと思います。

とくに中小企業は、コンサルタントが働きかけてから、それが行動に表れるまで時間がかかることがある。それでも、よい行いが必ずしもよい結果に結びつかないと、つい途中であきらめてしまいそうになりますよね。

飯塚さんは、そんな思いをしたことがありませんか。

「機が熟すまでやり続ける。それしかないですね。ただ、変わり目というか、タイミングを見つけることはできます。普段から、お客様とのコミュニケーションで速いレスポンスを習慣にしていると、相手の小さな変化にも気づくことができます。タイミングを見極められれば、そこで一気に変化を促すこともできます」

コンサルタントには反応速度も大切ということですね。

第6章

経営コンサルタントを
ビジネスとして
成功させるには

いきなり独立開業はどこまで可能か

私たちには独立の体験がありません。

ですから、コンサルタントで独立するための課題や準備について、多くを語ることは不可能です。そこで、私たちの周辺で独立していった人、独立してやっているコンサルタントのお話をします。

あくまでも他人の話ですし、ご本人に登場していただくこともできませんので、ここからはしばらく私の独り語りで進めます。

ご了承ください。

コンサルタントとして独立するケースで最も多いのは、やはりコンサルティング会社で何年か経験を積んでからというパターンでしょう。我が社でも、そうして独立していった人は何人かいます。

コンサルティング会社を経ることのメリットは、スキルやノウハウ、知識を実践で身に付けることができる。さらに、コンサルティング会社で担当していたクライアントを独立後のクライアントとして持っていけるケースもある。

これも大きいと思います。

コンサルティング会社としては、あまり望ましい形ではありませんが、周到に計画した独立ですから、独立する本人にとっては成功率の高い堅実なやり方と言えます。

▼定年型か中途型か

一方、コンサルティング会社を経ずに、勤めていた会社を辞めてすぐに独立しコンサルタントデビューする人もいます。

いきなり独立するコンサルタントのパターンは、概ね2種類に分類されます。

ひとつが前述した定年退職後にコンサルタントを開業するパターン。もうひとつは、中途退職してコンサルタントとして独立するパターンです。

定年退職後に開業する人のケースで多いのは、前職の取引先から「退職したらぜひ我が社でご指導をお願いします」と声をかけられコンサルタントをはじめる、であろうと思います。

顧問として入るケースも少なくありません。

取引先以外では、出身企業から定期的に社員研修などを依頼されることもあります。

自発的にコンサルタントになるというよりは、過去に築いた人脈に乗って独立するパターンと言えましょうか。

それに対して、中途退職してコンサルタントとして独立する人は、あらかじめ計画を持って独立する人が多いようです。独立後の顧客が、前職の取引先というケースもなくはないと思いますけれども、前職とは取引関係のないところを主とします。

中途退職型のコンサルタントの武器（商品）は、前職で身に付けたノウハウですから、顧客は自ずと前職の同業他社ということになるはずです。

メガフランチャイジーで現場の責任者を務め、その後に中途退職して独立し、FCコンサルタントをはじめた人がいます。

2～3年で年収2000万円～3000万円を稼いでいました。

彼のクライアントは、例外なく彼の前職と同業のチェーン展開をしている飲食・サービス業の本部でした。

成果を上げていても安泰とは言えない理由

リタイア後、あるいは中途退職してコンサルタントをはじめた人は、概ね前職のノウハウで仕事にしています。そこで業績を上げ続けていれば、安泰と思っているかもしれません。

前職のノウハウが優れていれば、コンサルタントとしての経験はなくても、同業者相手であればノウハウを移植することで売上、利益を大きく伸ばすことはできます。

しかし、そこにもハザードはあります。

みなさんは2018年に起きた「はれのひ」という成人式の晴れ着のレンタルと着付け、撮影を行っていた会社が、成人式当日に店舗を閉鎖した事件のあったことを覚えておられるでしょうか。

この「はれのひ」の社長は呉服業界のある会社に勤めた後に、呉服業のコンサルタントとして独立しました。

前職で得たマーケティングノウハウは、既存の呉服店にとっては斬新なもので、彼がコンサルティングした店には売上が5倍に増えたところもあったそうです。

そういう実績のあるコンサルタントだったわけですが、どんなノウハウもひとつだけではそう何年も持ちません。

▼もう自分たちでできるから

顧客の業績は、たしかに増収増益を続けてはいました。

ですが、年々伸び率は小さくなり、何年かすると顧客である呉服店のほうでは契約の解除を求めはじめます。

コンサルタントの仕事を失った「はれのひ」の社長は、コンサルタント業から自身で着物のレンタル業をはじめることになったわけです。

その後の顛末はニュースで報じられた通りで詳述は避けます。

しかし、彼がコンサルティングで大幅な売上アップに貢献していることには注目せざるを得ません。

そして、それだけの結果を出しているにもかかわらず、契約の継続ができなかったこともなぜなのかと疑問を覚えます。

このケースを少し簡略化して考えてみましょう。実は、こうしたことはコンサルタント業界では珍しい出来事ではありません。

マーケティングのノウハウに限らず、同じ業種であればそのノウハウが優れていれば短期間で大きな成果を上げることができます。

この段階では、顧客のコンサルタントに対する信頼はうなぎ登りです。

しかし、1年目で150％の業績アップをしても、2年目はその半分程度の70％アップ、3年目には30％アップと年々上昇率は下がってきます。既存のノウハウひとつで倍々ゲームを続けることは不可能です。

▼役割を見極める

3年目の30％アップは、それでも十分な成果と言えます。

業績数字を見れば、コンサルティング開始前と比べ5倍を大きく超えているのですから、その差は歴然でコンサルタントの貢献度の大きさは疑いありません。

とはいえ、上昇率は初年度の150％に比べるとやはり見劣りします。

その上、4年目、5年目と、続けば続くほど伸び率は落ちますから、やがて伸び率は数％と凡庸なものとなる。

この段階になると、コンサルタントが持ち込んだノウハウも、社内に十分定着しているはずです。

もはやコンサルタントの存在価値は小さくなって、最後は「いままでご苦労様でした。あとは自分たちでできますので、どうぞお引き取りを」に行き着きます。

コンサルタントの仕事とは、一面こういうものです。

一発芸だけでは限界がある。コンサルタントとして一定の成功を収めるには、あらかじめこうした限界を理解した上で、クライアントに対して何をどこまでできるか見極めなければなりません。

すべり出し好調だと、つい全能感を持ってしまいますが、そういう人はコンサルタントに向いていない人ということになります。

コンサルタントに求められる営業力

どんなに優れたノウハウを持っていても、ひとつのノウハウで同じ会社と10年契約を続けるというのはとても困難なことです。

中途退職してコンサルタントとして独立する人は、ほとんどは前職で身に付けたノウハウという単発商品で勝負することになるので、やはり自前の商品の「賞味期限切れ」を織り込んでおく必要があります。

前述の「はれのひ」の社長は、単発商品が賞味期限切れとなった段階で、コンサルタントから業種の転換（拡大）に舵を切ったわけです。

しかし単発商品の賞味期限切れは、コンサルタントにとってはよくあること。それで全員が、コンサルタント業から転身しているということはありません。彼我を分けるものは何でしょうか。

それが先述した「コンサルタントをはじめるのに使命感は必要ないが、使命感なしにコンサルタントを続けることは不可能」ということになります。

▼続けられることがプロの条件

コンサルタントの営業は、基本は継続と紹介が主力となるでしょう。顧問先、指導先の契約を継続することも、実は営業のひとつであると考えることが大切です。契約の継続を勝ち取ることは、コンサルタント自らができる営業と言えます。

契約を継続するためには、「一発屋」から脱却することが必要です。商品であるノウハウを増やすこと、結果を出し続けること、それに加えて中小企業のコンサルティングでは、顧問先のことを深く理解し、ともに走る姿勢を崩さないことが大切です。信頼、すなわち頼りにされることは、継続への大きな一歩となります。

以上のように、契約期間を延長する努力は必要であるものの、相手の事情によって致し方なく契約解除というときがあるのも現実です。

契約を継続するために無理をするよりも、契約は有限という前提で、あらかじめ次の準備（新規営業、ネットワークの拡大）を計画しておくことは欠かせません。

▼コンサルタントの営業の肝

コンサルティング会社では、会社で新規契約の営業を行っています。個人でも会社でも、持っているノウハウをPRして回るという点では、どちらも変わりありません。しかし、やはり個人のコンサルタントにとって営業は重荷です。継続のための営業はできても、新規の契約を取るのは至難と言えます。

では、どうすればよいか。昔のように、とにかく名刺を配るというのもひとつの営業ではありますが、コンサルタントの営業では、まずは自らの特長を考えることが大事です。自分の特長とは次の式〈専門（得意）分野×得意業種・対象〉で表せます。

たとえばＩＴ業界の人事制度に強いなら、営業活動もその分野に力を集中すべきです。飲食店の販売促進に強いという人は、飲食系の専門誌への寄稿等でＰＲ活動を行う、ブログを発信するなどが有効ということです。

面談のときに大事になるのは相手の話を聞く力。この人は「我が社のことをわかってくれている」という印象を抱いてもらえるか。この印象が信頼感につながります。

コンサルタント営業におけるＷｅｂマーケティングの重要性

ネット社会の今日ではＷｅｂの活用は欠かせません。

ビジネス書の出版社でも、一時期コンサルタントのブログばかりに注目し、アクセス数の多い順番にオファーをかけていたことがあったと聞きます。

一日中パソコンの前で、著者探しをする若い編集者の姿を、著者は足で探すものと刷り込まれてきた旧世代の編集者は毎日苦々しく見ていたそうです。

ビジネス書の編集者だけでなく、企業の経営者や一般ビジネスパーソンも、コンサルタントを探そうと思ったら、まずネットに接続し、どこかのサイトを開くという行動を採ることになります。

その結果、我々の経験から言っても、Ｗｅｂからの問い合わせが、最も受注につながりやすいということになっています。コンサルティング会社にとって、Ｗｅｂマーケティングは欠かせませんし、その上手下手が会社の業績を左右する要因のひとつです。

こうした状況は、個人で独立してやっているコンサルタントも、コンサルティング会社も同様です。

▼こまめな情報発信力が不可欠

Ｗｅｂマーケティングは、コンサルティング会社の運営や独立の際には必須です。とくに独立をするならサイトの開設、ＳＮＳの準備をしてからすべしと言えます。

しかし、独立系の個人コンサルタント、小規模のコンサルティング会社でＷｅｂ発信をうまくやっているところは少ないのも事実です。

多くの場合、サイトを開いたことで満足し、更新が疎かにされている、ブログははじめたものの、更新の頻度が低いなどの努力不足が見られます。

情報は、小刻みでも発信する頻度が重要です。

月に一度の更新では少なすぎます。週に一度の更新でも十分とは言えない。マーケティングでＷｅｂを使うならば、毎日一回以上のペースで更新することが必要です。

個人で毎日一回のペースで更新し、それを何年も続けるとなると大変な作業となります。

そういう点でも、ある程度Ｗｅｂマーケティングに人数を割ける会社のほうが有利です。

▼どんな表現が効果的か

せっかく情報を毎日更新していても、見てもらえなければ意味がありません。

1人でも多くの人の目に触れるためには、いくつか方法があります。代表的なものとしては、グーグルやヤフーなどで、検索上位に入っているワードを使う方法があります。トピックになっているワードを織り込んだ記事を書くのは、そう簡単なことではありません。しかし、人事のコンサルタントであっても、人事問題の導入部分にカルロス・ゴーンの問題を取り上げることは可能ですし、経営計画のテーマで新元号の話題に触れることもできます。

次に記事の構成として、コンサルティング実績や具体的な改善の事例などを適切に文中に織り込むこと。ただし、実績のアピールばかりしていると読者はついてこないので、説明のプロセスで実績、事例を参考資料として見せることが上手なＰＲの基本です。

Column

コンサルタントにとって「営業」とは？

コンサルタントにも営業は必要。もちろんコンサルタント契約を受注することが目的だが、「営業」すること自体に大きな意味がある。

まず、顧客の問題点やニーズを聞くこと。問題点を明確にして、その解決策をつくり提案すること。こうした営業活動こそ、まさにコンサルティングそのものと言える。物品販売ではないので、営業の場面において、どれだけ「コンサルティング」できるかが勝負となる。

また、形があるものではないので、自分をどれだけ売り込めるか、信用してもらえるかも「営業」の腕。我々には「新規受注こそ、最良の指導成果である」という言葉がある。新規契約企業にとっては、コンサルタント契約を決定したことで、改善に向け一歩踏み出したことになる。また、既存顧客から新たな受注を引き出せたということは、支援結果に満足した証でもある。ゆえに「営業」とは、すなわちコンサルティングと言える。

コンサルタントになるなら単発プロジェクト型か、顧問契約型か

コンサルタントの契約には、大きく分けてプロジェクト型と顧問型があります。

プロジェクト契約型は、単発でそのプロジェクトの終了までが契約期間。あらかじめ定められた契約期間です。

顧問契約型は、外部の人間ではあるものの、その会社とともに走り続ける長期契約となり、契約期間は特に定められていません。

一般にプロジェクト型のほうが契約期間は短く、成果が出ても契約満了となったらそこで終わり。とくに大手企業のプロジェクトの場合は、よほどのことがない限り継続契約は限定的です。

反面、プロジェクト型の仕事はオファーの数が多く、実績のあるコンサルタントは新規の営業に事欠くことはないと言えます。

顧問型は長いお付き合いを前提とします。しかし、相手の事情によっては突然、契約終了を通告されることもないわけではありません。また長期契約ですから、毎年何らかの成果を

出し続けなければならないというプレッシャーもあります。

▼大手はプロジェクト、中小は顧問

大手企業向けのコンサルティングはプロジェクト型が多く、その依頼を受けるのも大手のコンサルティング会社というのが一般的です。

まれに個人のコンサルタントが大手企業の工場や物流拠点、営業拠点のコンサルティングを請け負うことはあります。しかしその場合も、大手コンサルティング会社が依頼を受け、そこから個人のコンサルタントが派遣されるという構図がほとんどです。

大手企業のプロジェクトを担当するよさは、誰もが知っている会社を支援しているという自負感と、実績をＰＲする際に効果的であるという点にあります。

一方、中小企業向けコンサルティングは、顧問契約型を基本にすべきと思います。

なぜなら中小企業のコンサルティングは、プロジェクト型と違って（たとえプロジェクト型であったとしても）何でもやらなければならないからです。

経営者の伴走者として走り続けることが求められますから、会社に深く入り込み、会社と経営者を深く理解する顧問型でないと務まりません。

事実、中小企業向けのコンサルティングでは、最初は単発のプロジェクトで入っても、成果が出れば、そこから顧問契約というパターンが非常に多い。

中小企業のコンサルティングでは、とにかく経営者と頻繁に接します。そのため、企業変革のインパクトを実感できるという点が醍醐味です。良くも悪くもダイナミックに動くというのが中小企業ですから、コンサルタントの手際がはっきりと表れます。

中小企業向けのコンサルティングでは、コンサルティング会社も、個人のコンサルタントも、自らが存続できるかどうかは契約継続率とリピート率にかかっています。契約継続率とリピート率がイコールコンサルタントの営業力と言えるのがこの業界です。

コンサルティング会社の人材育成としては、プロジェクト型と顧問型を両立することが好ましいと考えています。所属するコンサルタントの成長という観点からは、両方を経験させたいところです。それぞれに使う筋肉が異なり、野球の投手で言えば顧問型は先発完投型で緩急を使い分ける力、プロジェクト型はリリーフ・抑え型で、短いイニングだが毎試合でも登板する力が必要です。

Column

経営コンサルティング会社の見つけ方、選び方

就職活動における経営コンサルティング会社の見つけ方としては、求人サイトで探すほか、人材紹介会社、ダイレクト・リクルーティングへの登録などが基本となる。

だが、積極的に求人を出していないコンサルティング会社は少なくないので、「対象顧客、専門分野、所在地」などさまざまなキーワードで、ネット検索してみるのも有効である。

実は、人材紹介会社を通さず「直接応募」する方法はおススメだ。紹介会社の都合（売り込みやすい企業への優先紹介など）に左右されずに済むし、年収の30～35％が相場の紹介料が発生しないため、受け入れ企業側としてもコストメリットが大きい。

コンサルティング会社の選び方としては、別のコラムで述べている外資系、総研系、独立系の特徴や社風の違いなどで判断してほしい。

一般論で言えるのは、最近は、「クチコミサイト」が発達しているので、そこで挙げられている評判は見ておいたほうがよい。

最後は、自分の考え方、こだわりに合致するかどうかで判断すべきである。

コンサルタントへの近道はテーマ特化か、業種特化か

コンサルティング会社に所属するにせよ、個人で独立してコンサルタントをはじめるにせよ、コンサルタントを目指す以上は、前述の〈専門（得意）分野×得意業種・対象〉が基本となります。

専門分野はテーマと言い換えることも可能です。

望ましいのは、専門分野（テーマ）と得意業種が揃っていることですが、人事など専門分野は持っているが、とくに得意とする業種はない。物流業界には詳しく、基本的なスキルはひととおり持っているが、専門分野と言えるほどのものかどうかはわからないというケースもあるでしょう。

結論から言えば、専門分野、得意業種のいずれかについて知識・ノウハウを持っているなら、それを徹底的に磨くことがコンサルタントになるための最短の道と言えます。

どちらかに特化するというのは、個人に限らずコンサルティング会社も同様で、テーマに特化した会社とは、我々の所属する新経営サービスがそうですし、業種に特化した会社とは

流通業に特化した初期の船井総研などが挙げられます。

テーマ特化と業種特化、どちらが有利ということはありません。

自分がテーマに精通しているならテーマ特化で行くほうがよいし、業種に詳しければそちらを選べばよい。テーマに精通し、業種にも明るいという人は、コンサルティングを主力にやろうと考えているなら業種特化が優先事項でしょう。

▼コンサルティング会社でデビューするなら

コンサルティング会社に入社してコンサルタントを目指す人は、会社によってデビューの仕方が違うことを知っておいたほうがよいと思います。

「コラム　コンサルティング会社の社風に違いは?」でも触れていますが、コンサルティング会社でもそれぞれにコンサルタントの育て方が違います。

外資系など大手のコンサルティング会社は、仕事の大半が大手企業のプロジェクトですから、新人もそこに参加することからスタートします。

新人コンサルタントの仕事は、最初のうちはプロジェクトの一員として、資料作成や分析作業などの補助的業務、インタビューや会議の議事録作成などです。

大手企業のプロジェクトは、参加しているコンサルタントの人数が多いため、分業であり、一気通貫で全体を見渡しているコンサルタントは、ごくわずかのシニアコンサルタントだけということになります。

では、中小企業向けのコンサルティング会社は、入社後すぐにコンサルタントとしてデビューさせるかというと、そういう我々新経営サービスのような会社は、少ないというのが現状です。

多くの会社で、新人はコンサルタントと言いながら、自社コンサルタントの売り込み、営業職という実態があります。

中小企業向けのコンサルティング会社で、早くからコンサルタントをやりたいのであれば、まずしっかり会社選びをすることが肝心です。

入社後は、まずはひとつ得意分野（得意業種）をつくった上で、二本目、三本目の軸をつくっていくこと。これが長くコンサルタントを続けるためのコツです。

コンサルタント業を10年以上続けるための条件

私自身、すでに30年近くコンサルタント業を続けているわけですが、長い間コンサルタントを続けていくにはどんなことが必要でしょうか。

私自身の体験と、私の周囲のベテランコンサルタントのケースから言えば、この仕事が好きであることが条件として挙げられます。

もうひとつは、常にアップデートを続けていること。十年一日の如く、ひとつのノウハウ（一発芸）で何十年もやっている人はいません。時代の変化や流行に敏感であり、積極的に新しいことを取り入れています。

同じノウハウでも、マイナーチェンジを繰り返しているはずです。

そうでないと、なかなか10年以上続けられません。10年続くというのは、10年変化を続けているということであり、きちんと顧客の期待に応えるには、自ら時代に応じた変化を起こすことが必要です。

▼最も大事な家族の理解

飯塚さんの長年コンサルタントを続ける秘訣は何ですか。

「仕事が継続することは必要条件ですが、10年続けるには自分自身のコントロール、セルフコントロールが大事だと思います」

飯塚：節制は健康管理にも重要ですが、アップダウンの激しいコンサルタントという仕事を続けるには、精神的にもタフでないとできません。

ハードワークへの耐性が必要です。また出張は多い、家でも仕事をする、そういう仕事ですから、家族の理解がないと10年続けることは不可能です。

私の体験から言っても、10年この仕事を続けるために必要なこととは、それは家族の理解と言っても過言ではないと思っています。

コンサルタントの実力も、家族の協力の賜物ということですね。

Column

経営トップが広告塔になっている会社とそうでない会社の違い

独立系、中小コンサルティング会社の中には、経営トップを広告塔にしているケースが少なくない。

広告やセミナー開催、書籍出版などの販促を行う際、経営トップの顔や名前を全面に打ち出すことで知名度を高め、見込み先を増やそうという狙いである。

このスタイルのメリットは、経営トップをタレント化し、予算を集中することで、販促効率を高められる点にある。また、社内でタレントを増やしてしまうと、求心力低下や独立リスクが懸念されることも理由のひとつだ。

一方、このやり方では、社員コンサルタントの不満が高まるケースも少なくない。自分たちが努力して作成したコンテンツや企画が、すべて経営トップのものとして、トップの名前でPRされるからだ。

我々は、各人の「顔」が見えるコンサルティング会社を志向しており、書籍やセミナー講師もコンサルタント個人の名前を前面に打ち出す。ヘッドハンティングや独立されやすくなるかもしれないが、「社外でも十分通用するけれど、この組織で活躍したい」と言われる会社を目指している。

おわりに

ここまで経営コンサルタントという仕事を、インサイダーの視点からあれこれと見てきました。すべてを網羅し尽くしたとは言えないものの、リアルなコンサルタントの実像が垣間見えたことと思います。

「はじめに」でも触れたとおり、私を含め、現在第一線で活躍している経営コンサルタントのほとんどは、この仕事を天職と思ってやっています。

コンサルタントというのは、良くも悪くも中毒性のある仕事と言えます。顧客から評価されたときに覚える「貢献できている感」は一度経験すると、言葉は悪いですが「病みつき」になるものです。

仕事を好きになることもひとつの能力ですから、こうした感覚は大切だと思います。

「コンサルタントは自分が商品ですから、顧客からのフィードバックはストレートに自分の実力の評価であり、他人のせいにすることができません。どんな厳しい評価でも、必ずダイレクトに来ます。そういう厳しさもあるのがコンサルタントの仕事です」

中谷さんのアドバイスでした。たしかに厳しい評価でへこむこともありますね。

「だから仕事をすることが、イコール自分を高めることになるのがコンサルタントの仕事でもあります。毎回試験を受けているのと同じですが、その厳しさで磨かれるのです」

中谷説は、説得力がありますね、

「仕事と人生の目標を一致できるのも、コンサルタントという仕事のよさですね」

この飯塚さんのアドバイスのように、企業やそこに働く人々の役に立つことがコンサルタントの仕事ですから、そこにやりがいを覚える人は多いと思います。

ただ、そのためには人並み以上の知識やノウハウが求められますし、厳しい評価にもさらされ続けなければならない。それもコンサルタント。コンサルタントには、そういう仕事を「好きになる能力」が必要ということです。


さて最後の最後に、みなさんがいま所属しているコンサルティング会社、株式会社新経営サービスについてどう思っているか訊いてみたいと思います。

なかなか答えづらい質問だと思います。ここは志水浩さんに、みなさんを代表して答えていただきましょう。

「私の答えがみなさんを代表するとは思えませんが、私自身はこの仕事に不満はありません。この仕事に就けて幸せだと思っています。新経営サービスという会社については、合う人にとってはものすごくフィットするし、合わない人にとっては苦痛な組織なのでしょう。これはコンサルティング会社全般に言えるかもしれないですが」

コンサルティング会社は、他の事業会社や公務員の組織よりも、組織と個人の相性が極端に出ますからね。新経営サービスも合う人には最高、合わない人には最悪の職場ということになるでしょう。

「私は幸い、合っているほうです」

志水浩さんでした。

私は、もし自分の子供が「コンサルタントになりたい」と言ったら、何と答えるかと考えることがあります。

私の考えは、「やってみたいなら、やってみたらよい」です。

もし、やってみて自分に合わなくても、コンサルタント経験は人生のプラスになると考えています。たとえば、物事を俯瞰して見るコンサルタントの思考習慣は、他の職種でも役に立つ。キャリアのステップとして、コンサルタントは悪くないと思っています。

本書は、これから経営コンサルタントになろうと考えている人や、なってから日の浅い人が、疑問に思っていること、知りたいことについて、臨場感のある情報をお伝えしようという意識で、ここまで話を進めてきました。

すべてを言い尽くせたとは思っていませんが、本書が読者のキャリアに、また人生に、少しでも役立つことがあれば、我々著者一同にとっても大きな喜びです。

コンサルタントの仕事の本質は、人と企業、そして社会に貢献することですから、わずかでも読者に貢献できたならば、それも我々の使命感、達成感を満足させるものに間違いありません。

著者プロフィール

山口　俊一（やまぐち　しゅんいち）

株式会社新経営サービス　代表取締役社長

人事コンサルタントとして30年の経験をもち、多くの企業の人事・賃金制度改革を支援。一部上場企業から中堅・中小企業に至るまで、あらゆる業種・業態の人事制度改革コンサルティングを手掛ける。

主な著書には、『3時間でわかる同一労働同一賃金入門』『社員300名までの人事評価・賃金制度入門』『業界別人事制度③商社・卸売業』『業界別人事制度⑥運輸・物流業』『成果主義人事・賃金システム』などがある。

志水　浩（しみず　ひろし）

株式会社新経営サービス　執行役員　統括マネージャー

組織開発・教育研修コンサルタントして30年近くのキャリアを有し、上場企業から中小企業まで幅広い企業の支援を実施中。また、研修・コンサルティングのリピート率は85%以上を誇り、顧客企業・受講生からの信頼は厚い。管理者に対する、成果性の高い教育支援プログラム「パフォーマンス向上プログラム」の開発責任者。

森谷　克也（もりたに　かつや）

株式会社新経営サービス　執行役員　人事戦略研究所所長

５～10年先の内部・外部環境を想定し、企業の成長を下支えする組織・人事戦略の策定・運用が図れるよう、「経営計画 ― 人事制度 ― 人材育成」を連動させる組織・人事戦略コンサルタントとして実績を積んでいる。また、カタチや理論に囚われない、中小企業の実態に即したコンサルティングを身上とし、現場重視で培った独自のソリューションを多く開発している。

著書には、『業界別人事制度②小売・サービス業』『業界別人事制度⑤建設・不動産業』がある。

志水　克行（しみず　かつゆき）
株式会社新経営サービス　人材開発部マネージャー
組織のモチベーションアップ、人材育成をライフワークに活躍中。最適組織設計やリーダーのタイプに応じた組織運営のポイント、営業パーソンのタイプの違いによる育成法、など個性の違いによる効果的な対応法は、単に知識の切り売りに収まらない。経営改善の現場で裏打ちされたノウハウが顧客より絶大な信頼を得ており、大手・上場企業などの指導実績を多く持つ。
著書には、『社員が主役の会社はなぜ逆境に強いのか』がある。

中谷　健太（なかたに　けんた）
株式会社新経営サービス　経営支援部マネージャー
大手コンサルティング会社に新卒入社し、主に中小企業の新規事業創出支援、チェーン店本部の経営指導・店舗展開支援に従事。その後、外食事業会社の役員を5期勤めた後、新経営サービスにコンサルタントとして復帰。「現場・経営実務・ノウハウ」を知るコンサルタントとして、これまで多くの具体的な成果創出、業績向上を実現している（外食・小売・サービス企業100社3,000店舗を超える支援実績）。中小企業診断士。
著書には、『店長会議をちょっと変えれば会社の人事はもっとよくなる!』がある。

飯塚　健二（いいづか　けんじ）
株式会社新経営サービス　人事戦略研究所マネージャー
独立系システム開発会社にてSE・人事・経営企画等の実務を経験。その後、大手金融系シンクタンク、監査法人系コンサルティングファームにて人事コンサルタントとして従事した後、現職。中小企業から大手企業まで規模を問わず幅広い人事・人材育成コンサルティング実績を持つ。経営戦略の実現に向けた人事制度改革・定着化や要員・人件費マネジメント等のハードアプローチに加え、言語科学や行動科学の知見を活かした人材開発（コミュニケーション研修やビジネススキル研修、コーチング・ワールドカフェ等）を手掛ける。iWAMプラクティショナートレーナー。
著書には、『職場のやっかいな人間関係に負けない法』がある。

2020年 4 月15日　第 1 刷発行

ゼロからはじめる
プロ経営コンサルタント入門

© 編 著 者　山 口 俊 一
企画構成　亀 谷 敏 朗
発 行 者　脇 坂 康 弘

〒113-0033 東京都文京区本郷 3-38-1
発行所　株式会社 同友館
TEL.03(3813)3966
FAX.03(3818)2774
URL　https://www.doyukan.co.jp/

乱丁・落丁はお取り替え致します。　三美印刷／東京美術紙工

ISBN 978-4-496-05469-3　Printed in Japan